JN169285

た。

御朱印をきっかけに「この神社・お寺に行ってみたい」と思っていただき、寺社に足を運んで縁を結んで欲しいという考え方です。こうした寺社の想いを投影してか、最近では色とりどりの御朱印や、季節ごとに変わる御朱印、凝った装丁の御朱印帳などバリエーションも増えてきています。本書で取り上げている御朱印や御朱印帳はほんの一部ですが、少しでも神社やお寺に興味をもっていただき、ご縁を結ぶきっかけの一助となれば幸いです。

もくじ

3章 ご利益別寺社&特長別 御朱印めぐり

アイコンの見方

- 御祭神 神社の御祭神。お寺の場合は御本尊
- 寺社の住所
- 最寄り駅からのアクセス
- 拝観可能時間
- 御朱印の授与時間
- 拝観料

○本書に掲載している御朱印・御朱印帳を含む写真は、すべて各寺社より掲載許可を頂いています。
○本書の情報は2015年4月時点のものです。
御朱印や御朱印帳の押し印・デザイン、拝観時間や各料金は
変更されている場合もあります。事前に確認してからお出かけください。
○寺社名、御祭神や御本尊の名称・施設名は　各寺社で使用している名称に準じています。
○神職やご住職など、書き手が不在になることもあります。
どうしても御朱印や御朱印帳をいただきたい場合は、事前に確認してから参拝しましょう。
○神社やお寺は信仰の場です。正しい参拝のお作法を守って心静かにおまいりしましょう。

日本全国御朱印・御朱印帳一覧

掲載寺社を地域ごとにご紹介します。
まずは身近な寺社からめぐってみてはいかがでしょうか。

1章

御朱印・御朱印帳のきほん

御朱印をいただきたいと思ったら、
まずは基礎知識を身につけましょう。
より御朱印を集めるのが楽しくなる、
御朱印の見方も解説しています。
実際のいただき方やマナーなど、
押さえておきたいポイントをお教えします。

御朱印・御朱印帳とは何でしょうか？

御朱印や御朱印帳、言葉は聞いたことがあるけれど、その由来や詳しいことはご存じない人も多いはず。こちらでこの2つについてのきほんのきをご紹介します。

御朱印とは寺社をおまいりした証し

御朱印とは、神社やお寺で神職またはご住職、担当職員の方が参拝した年月日や寺社名を墨書きし、朱印を押してくださるものです。寺社によって文字や押し印が異なり、個性が表れていることから収集する人が増えています。ただし、忘れてはいけないのが御朱印はただの記念スタンプではなく、お守りやお札と同様、神社の神様やお寺のご本尊様の分身とされているとてもありがたいものだということ。御朱印をいただく際はマナーを守り、神社やお寺に迷惑をかけないよう心がけましょう。

御朱印のはじまりは納経の証しとして

御朱印は江戸時代、庶民に「西国三十三所」や「四国八十八箇所」などの巡礼が大流行したことからはじまりました。巡礼をすると、巡礼者はお経を書き写してお寺に納めます（納経）。その際、お寺がその証しとして朱印を授与するようになりました。今でも御朱印帳の表題が「納経帖」と書いてあるお寺があるのは、その名残。やがて納経をしなくても、参拝の証しとして御朱印をいただけるようになりました。その後は神社でも授与されるようになり、今日に至っています。

蛇腹式になっており、開くといただいた御朱印がひと目で見られます。

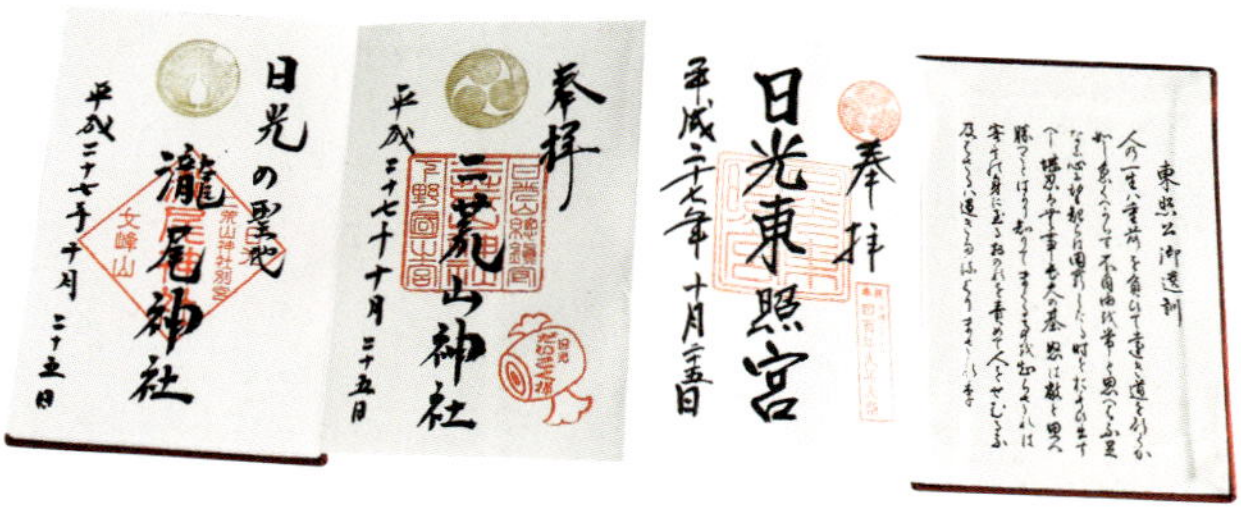

表面と裏面がありますが、片面だけ使うか、両面使うかは自由です。

御朱印帳とは御朱印を押す、専用の帳面

御朱印帳は「納経帖」、「集印帳」、「御宝印帳」とも呼ばれ、御朱印を集印するための専用の帳面です。紙は朱肉や墨の吸収がよい和紙を使用しています。サイズは寺社やメーカーによって異なり、文庫本より少し大きいものからA５サイズのものが多いです。蛇腹状になっているものが多く、最初と最後には固い表紙がつけられています。神社とお寺で御朱印帳をわけるルールはありませんが、寺社によってはまれに寺社が混在していたり、違う宗派が記帳されていると断られることもあります。

近年では寺社がオリジナルで作った御朱印帳を授与しているところも多くなりました。その寺社ゆかりの人物や建物、風景などをあしらっています。御朱印だけでなく、御朱印帳を集めるのも楽しみのひとつです。

まずは御朱印帳を手に入れましょう

御朱印はノートや観光パンフレットの裏にはいただけません。半紙でいただくことはできますが、これから御朱印をいただきたいと思ったらまずは自分の御朱印帳を用意することから始めましょう。

表

裏

北海道神宮のオリジナル御朱印帳。表には社殿がやさしい色合いで描かれ、裏には社名が入っています（P.45）。※表と裏が同じデザインの御朱印帳もあります。

〈神社・お寺で購入〉

御朱印帳はお守りや御札などを扱う、授与所・納経所で取り扱っています。寺社の名前が入ったオリジナルの御朱印帳があることも。

牛久大仏で授与しているオリジナル御朱印帳。120メートルある大仏様と、美しい花々を大胆にあしらっています（P.91）。

日蓮宗のお寺では、専用の「御首題帳」を用意するのがおすすめ。こちらは「日蓮宗新聞社」サイトで購入可能。

〈ショップで購入〉

文房具店や、和紙を取り扱うお店などで扱っており、インターネットの販売サイトでは様々な種類を見つけることができます。

350年の歴史をもつ和紙やお香の専門店、鳩居堂の集印帳（P.127）。

江戸時代から和紙の商品を扱っている、東京・榛原の御朱印帳（P.127）。

神社の御朱印の見方

一般的にシンプルなものが多い神社の御朱印。社殿やゆかりのモチーフが押し印として入るのが特長です。

こんな押し印があります

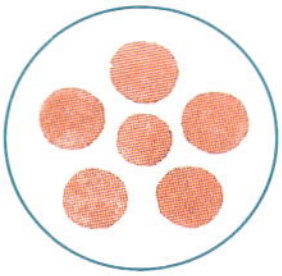

北野天満宮の梅の押し印（P.76）。境内にはたくさんの梅が植えられています。

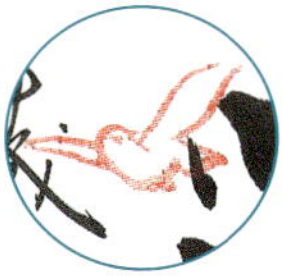

川越八幡宮の鳩の押し印（P.117）。鳩がご神鳥として崇められています。

烏森神社

奉拝・参拝

「つつしんで参拝させていただきました」という意味で右上に入ることが多く、代わりに参拝の言葉が入る場合もあります。

押し印

神社の紋章である「社紋」や、神社ゆかりの名物の印が押してあります。

地名

神社の所在地をはじめ、その神社に関連する地名が入ることもあります。

神社名

中央に墨書で書かれることが多く、社名のほかに御祭神名が書かれることも。また、墨書がなく神社の印のみの場合もあります。

おまいりした年月日

参拝した年月日が入ります。通常左端に書かれます。

神社の印

社名が刻まれた印。神社によっては社紋が押されることもあります。

お寺の御朱印の見方

迫力のある墨書や押し印が目立つお寺の御朱印。中心の文字は御本尊の名前や、本堂の別称等が書かれます。梵字で一見難しそうに見えますが、きほんを抑えれば大丈夫。

こんな押し印があります

明月院の三宝印（P.22）。印の形はひし形のほかに丸や四角などがあります。

勝林寺の御宝印（P.63）のように、梵字が三か所に記されているものもあります。

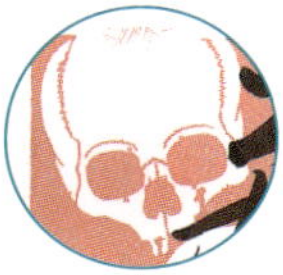

伊藤若冲にゆかりの深い、宝蔵寺の押し印（P.78）。髑髏の印は若冲の作品から。

寛永寺

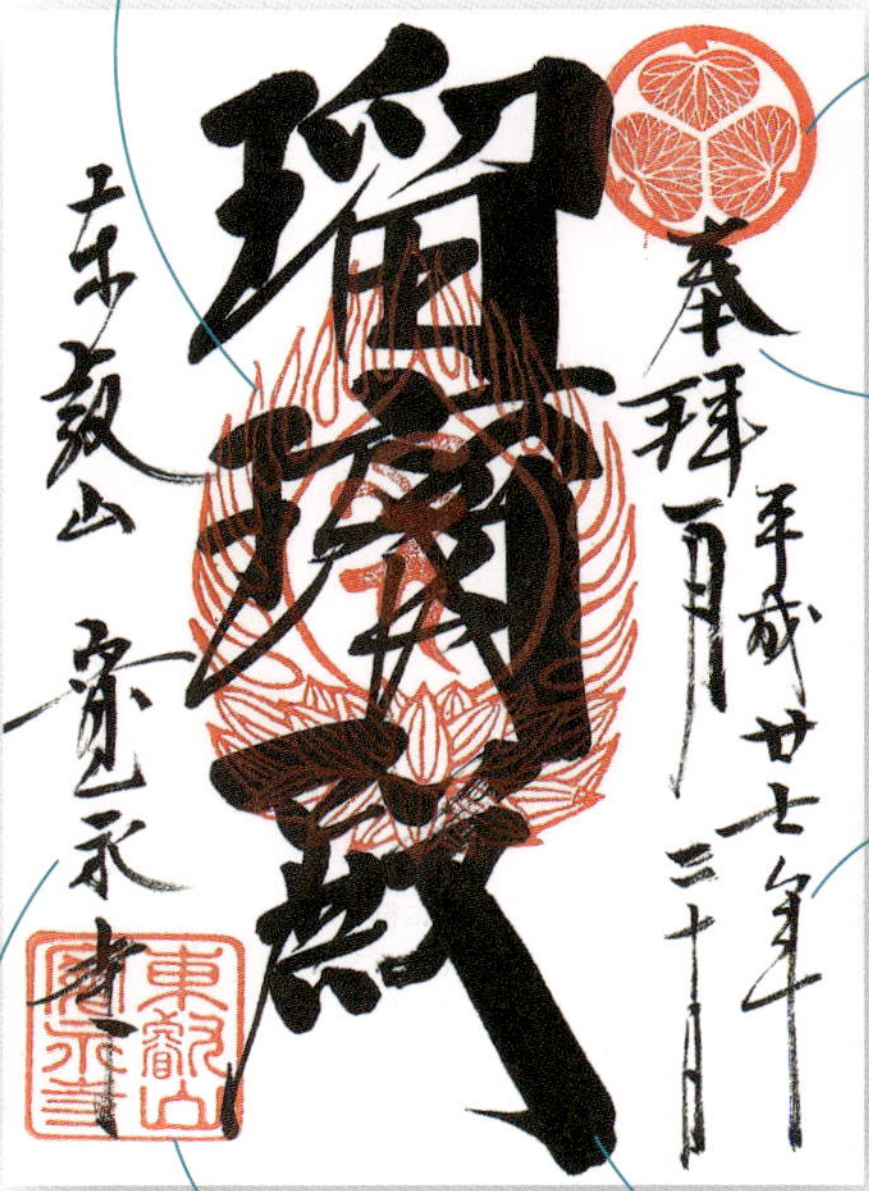

押し印

お寺の固有の印や、御本尊を表す梵字が入った御宝印、仏・宝・僧という仏教の三つの宝を表す三宝印などが押されます。

象徴印

そのお寺を象徴する印。寛永寺の場合は徳川家ゆかりのお寺なので、徳川家の三つ葉葵紋が押されます。

奉拝

「参拝させていただきました」という意味で、山号が入ることも。西国三十三所などの霊場（札所）になっている場合は霊場名と番号の印が押印されます。

おまいりした日付

参拝した年月日が書かれます。お寺によっては左側になることも。

寺号

寺院の名前が書かれます。山号や地名が併記されることもあります。

寺院印

寺院の名前が入った朱印が押されます。

本尊名やお寺の名勝

中央には祀られている御本尊の名前や本堂の名前が書かれます。

おまいりの作法と御朱印のいただき方

きちんと知っておきたい参拝の作法を紹介します。正しい作法で神様や仏様におまいりしてから御朱印をいただきましょう。

1 鳥居・山門をくぐる

神社は鳥居、お寺は山門から入ります。神社なら一礼、お寺なら合掌してくぐりましょう。脱帽して、ポケットからは手を出しておくこと。

マナー

・鳥居の中央は神様の通り道なので、端を歩きます。
・山門の敷居は踏まずにまたぎましょう。

2 手水舎で身を清める

神様や御本尊におまいりする前に、ここで身の穢れを清めます。清め方は神社もお寺も同様です。古来より水は穢れを洗い流すとされ、元々は自然の川や湧き水で身を清めていました。それが簡略化されたのが今日の手水舎の手順なのです。

清め方

1. 左手を清めます

右手で柄杓を持ち、左手を洗います。

2. 右手を清めます

柄杓を持ち替え、右手を洗います。

3. 口を清めます

左手で水を受けて口をすすぎ、その後左手を洗います。

4. 柄杓の柄を清めます

最後に柄杓を立て、柄の部分に水を流します。

3 おまいりする

手水舎で身を清めたら、いよいよおまいりです。おまいりをする場所が複数ある場合は、はじめに一番大きな拝殿や本堂からおまいりをします。神社の場合は、拝殿と本殿がひとつになっているところもあります。

神社

基本は二礼二拍手一礼。おまいりの仕方が明記されている場合は従いましょう。

1. お賽銭を入れて、静かに鈴を鳴らします

2. 深く二度礼をします

3. 二度手を叩き、手を合わせ祈ります

4. 最後に深く一礼します

寺院

お寺におまいりする際は静かに手を合わせ、拍手は打たないこと。

1. 線香やろうそくをお供えします

2. お賽銭を入れ、鰐口があれば鳴らします

3. 一礼して合掌し、仏様に祈ります

4. 最後に一礼します

4 御朱印をいただく

おまいりが済んだら授与所や納経所で御朱印をいただきます。書いて欲しいページを開いてから出しましょう。御朱印帳のカバーは留め具が邪魔になり書きにくいことがあるので、外しておくのがベター。書いていただいたら両手でありがたく受け取り、御朱印代を納めます。

マナー

- あらかじめ小銭を用意しておきましょう。
- 書いていただいている間は静かに待ちます。

御朱印帳を買いたいときは

御朱印帳は御朱印と同じく授与所や納経所で購入できます。全ての神社やお寺で取り扱っているわけではありません。

御朱印めぐりの心得

初めて御朱印をもらうときは緊張するという声をよく聞きます。でも、次の５つの心得を抑えておけば、難しいことはありません。

1 必ずおまいりしてからいただきましょう

御朱印は、もとは納経の証にいただいたもの。寺社に来たら、まずは神様や仏様に手を合わせるのが先です。おまいりもせず、ただ御朱印をもらって帰るのは厳禁です。ただし、広い寺社によっては先に御朱印帳を預けて参拝中に書いていただくこともあります。

2 すべての寺社でいただけるわけではありません

御朱印は、全国すべての寺社でいただけるとは限りません。宗派によっては御朱印を授与していない寺院もあれば、無人の寺社もあります。中には、祭礼・縁日の時だけ授与する寺社も。自分の行きたい寺社に御朱印があるか、あらかじめ確認しておきましょう。

3 手描きだから筆致は異なるもの

御朱印は一部を除き、ほとんどが手書きで書かれたもの。書き手によって筆致が異なり、本書掲載のものと同じでないことも。「本に載った御朱印とまったく同じものを書いてください」というムリなお願いは禁物です。筆致の違いを楽しむのもまた御朱印の醍醐味です。

4 小銭を用意しておきましょう

御朱印は寸志とするところもありますが、３００円が一般的。五千円札や一万円札などの高額紙幣を出すのは避けましょう。普段から御朱印用の小銭を用意して、御朱印帳と一緒に携帯するとスマートです。御朱印だけでなく、お賽銭やおみくじを引く際にも便利です。

5 記帳の際は静かに待ちましょう

御朱印は1枚1枚、心をこめて書いてくださいます。待っている間はおしゃべりしたり、飲食したりせず静かに待ちましょう。また、勝手に撮影するのも神職さんや住職さんを不快な気分にさせてしまいます。どうしても撮りたい時には一声かけてから。

2章

人気スポット別
御朱印めぐり旅

東京・鎌倉・京都2エリア・高野山・日光。
5つのスポットを、
めぐりやすいおすすめルート付きでご紹介します。
終わったあと、御朱印帳に並ぶ御朱印を見て
にっこりすること間違いなしです。

東京下町御朱印めぐり おすすめ1日コース

今でも江戸情緒がたっぷり残る、上野・浅草界隈。レトロな街並みを散歩しながら御朱印めぐりを始めましょう。

Start!

1 吉原神社

所要時間 20分

よしわらじんじゃ

吉原遊郭とともに歴史を刻んできた神社。様々な女性の願いを叶えるといわれています。

Data 御祭神 倉稲魂命　市杵嶋姫命　東京都台東区千束3-20-2　地下鉄日比谷線「三ノ輪駅」もしくは「入谷駅」下車、徒歩15分　境内自由

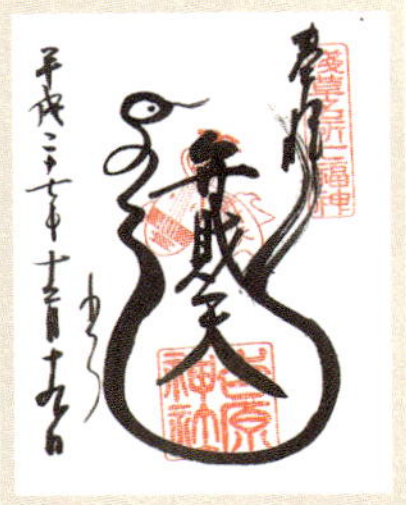

授与時間 10:00～17:00

吉原遊郭に祀られていた稲荷神社5社と、隣接する吉原弁財天を合祀しています。入り口には、恋焦がれている人に会うという意味の「逢初桜《あいぞめざくら》」があり境内にも桜が植えられています。

徒歩 5分

2 鷲神社

所要時間 20分

おおとりじんじゃ

11月の「酉《とり》の市」の発祥となり、古くから「おとりさま」の愛称で親しまれています。

Data 御祭神 天日鷲命　日本武尊　東京都台東区千束3-18-7　地下鉄日比谷線「入谷駅」下車、徒歩7分　境内自由

押し印も熊手です

授与時間 9:00～17:00

西の市は、日本武尊が東夷征討の際に必勝祈願をし、武具であった熊手を手にお礼参りに再び社に立ち寄ったのが11月の酉の日だったことに由来しています。

御朱印帳

授与時間　9:00～16:30

御朱印帳

3 浅草神社

所要時間 40分

あさくさじんじゃ

5月に行われる「三社《さんじゃ》祭」は700年以上受け継がれている、江戸を代表するお祭りです。

Data　御祭神 土師真中知命　檜前浜成命　檜前武成命　🏠東京都台東区浅草2-3-1　🚃地下鉄銀座線・都営地下鉄・東武スカイツリーライン「浅草駅」下車、徒歩７分　✔境内自由

かつては浅草寺と一体でしたが、明治維新の神仏分離令によって分かれ、明治元年に「三社明神社」、さらに明治6年に「浅草神社」と名を改めました。地元住民には「さんじゃさま」の愛称で呼ばれています。

徒歩 15分

徒歩 15分

4 今戸神社

所要時間 20分

いまどじんじゃ

縁結びの御利益で知られる神社。御朱印やお守りに描かれた招き猫が人気です。

Data　御祭神 應神天皇　伊弉諾尊　伊弉冉尊　福禄寿　🏠東京都台東区今戸1-5-22　🚃地下鉄銀座線・都営地下鉄・東武スカイツリーライン「浅草駅」下車、徒歩15分　✔境内自由

授与時間　9:00～17:00

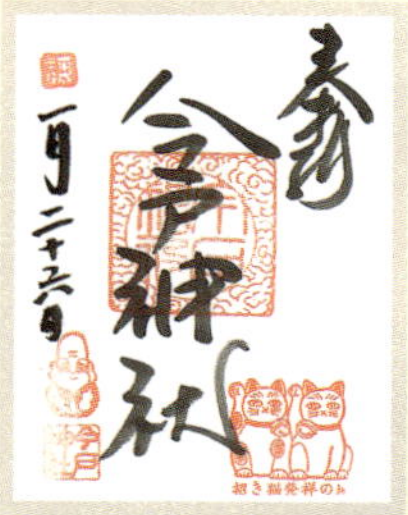

招き猫がかわいい！

御朱印帳

ご縁を寄せるというペアの招き猫は、16世紀頃からこの地で焼かれていた「今戸焼」に由来します。また、江戸に引き上げた新撰組の沖田総司が最期を迎えた場所としても有名。

電車＋徒歩
30分

5 下谷神社《したやじんじゃ》

所要時間
20分

奈良時代に創建された、都内最古の稲荷神社。商売繁盛と家内安全にご利益があります。

Data 御祭神 大年神　日本武尊　東京都台東区東上野3-29-8　地下鉄銀座線「稲荷町駅」下車、徒歩2分　境内自由

御朱印帳

授与時間 9:00～17:00

拝殿には横山大観が描いた迫力ある竜の天井画があり、御朱印帳にもあしらわれています。5月の「下谷神社大祭」は、早い夏祭りとして多くの人で賑わいます。

徒歩
25分

6 東叡山 寛永寺《とうえいざん かんえいじ》

所要時間
20分

徳川将軍家の菩提寺として知られ、将軍家の象徴として江戸市民に愛された大寺院です。

Data 御本尊 薬師瑠璃光如来像　東京都台東区上野桜木1-14-11　JR・地下鉄「上野駅」下車、徒歩10分　9:00～17:00

徳川家の家紋
三つ葉葵が
使われています

御朱印帳

授与時間 9:00～17:00

山号が「東叡山」なのは比叡山延暦寺を倣って創られたことから。最盛期は現在の上野公園一帯を中心に、広大な敷地を有していました。

徒歩
15分

御朱印帳

授与時間 9:00～17:00

寛永寺と同じく、天海大僧正により建立されました。御朱印帳の構図は歌川広重による「名所江戸百景」から採用しています。

7 清水観音堂《きよみずかんのんどう》

所要時間
20分

上野恩賜公園にある京都の清水寺を模した舞台造りのお堂。千手観音菩薩を祀っています。

Data 御本尊 千手観世音菩薩　東京都台東区上野公園1-29　JR・地下鉄「上野駅」下車、徒歩2分　9:00～17:00

徳川家康に加え、8代目吉宗、15代目慶喜が祀られています。現存する社殿は1651（慶安4）年に建て替えられ現存している貴重な文化財です。

授与時間　9:00～16:00

8

上野東照宮《うえのとうしょうぐう》

所要時間
20分

こちらも上野恩賜公園内に建てられています。桜やぼたん、紅葉の名所としても有名。

Data　御祭神 徳川家康公　徳川吉宗公　徳川慶喜公　東京都台東区上野公園9-88　JR・地下鉄「上野駅」下車、徒歩５分　9:00～16:30　¥500円

御朱印帳

表紙は社殿
裏表紙は昇り龍と降り龍

徒歩
10分

map

鎌倉御朱印めぐり おすすめ1日コース

幕府がおかれた中世の都・鎌倉には、古い寺社が点在し、四季折々の花を愛でながら散策するにはぴったりの街です。

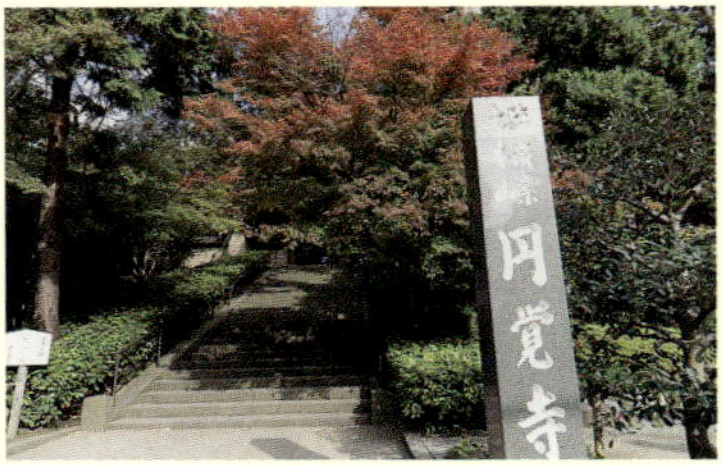

北条氏はもとより、朝廷や幕府からの帰依を受けました。現在でも土日には一般の人が参加できる坐禅会・写経会が行われています。

Start!

授与時間
3月～11月8:00～16:30
12月～2月8:00～16:00

1 円覚寺《えんがくじ》

所要時間 2時間

鎌倉幕府の8代執権、北条時宗により開基した禅寺。鎌倉五山のうちのひとつです。

Data 御本尊 宝冠釈迦如来 神奈川県鎌倉市山ノ内409 JR「北鎌倉駅」下車、徒歩1分 3月～11月8:00～16:30、12月～2月8:00～16:00 300円

徒歩 5分

境内には中国の文豪・魯迅から贈られたハクモクレンや臥龍梅などの花木があり、腰掛けで抹茶をいただきながらくつろぐ人も。

2 佛日庵《ぶつにちあん》

所要時間 20分

円覚寺の中にある寺院で、北条時宗を祀っています。庭の四季折々の花が美しく人気。

Data 御本尊 地蔵菩薩坐像 神奈川県鎌倉市山ノ内434番地 臨済宗大本山円覚寺山内 JR「北鎌倉駅」下車、徒歩20分 3月～11月9:00～16:30、12月～2月9:00～16:00 拝観料100円 お抹茶（落雁付き）500円

授与時間
3月～11月9:00～16:30
12月～2月9:00～16:00

徒歩 30分

3 明月院《めいげついん》

所要時間 30分

「あじさい寺」の名称でも有名で、6月になると大勢の人々で賑わいます。

Data 御本尊 聖観世音菩薩 鎌倉市山ノ内189 JR「北鎌倉駅」下車、徒歩10分 9:00～16:00（6月は8:30～17:00） 拝観料300円（6月は500円）

授与時間 9:00～16:00（6月は8:30～17:00）

境内には様々な植物が植えられています。特にあじさいの数は数千株といわれ、境内一面に咲く景色は鎌倉随一の名所になっています。

6

銭洗弁財天《ぜにあらいべんざいてん》　宇賀福神社《うがふくじんじゃ》

所要時間 30分

御朱印帳

金運アップにご利益があり、霊水でお金を洗うと倍になるといわれています。

Data　御祭神 市杵嶋姫命　宇賀福神　神奈川県鎌倉市佐助2-25-16　JR・江ノ電「鎌倉駅」下車、徒歩18分　8:00～16:30

授与時間　8:00～16:00

神社を創祀したのは源頼朝。後の北条時頼が湧き出る霊水で金銭を洗い清め、一族の繁栄を願ったのが銭洗信仰の始まりだそう。

徒歩 30分

4

建長寺《けんちょうじ》

所要時間 2時間

日本で初めて建てられた禅宗専門寺院で、鎌倉五山の一位として崇敬を集めています。

御朱印帳

Data　御本尊 地蔵菩薩　神奈川県鎌倉市山ノ内8　JR「北鎌倉駅」下車、徒歩15分　8：30～16：30　拝観料300円

授与時間　8:30～16:30

開基は北条時頼、建長5(1253)年に宋の僧侶・蘭渓道隆によって建立されました。宋の禅寺の様式が忠実に再現され、現在でも厳しい修行が行われています。

徒歩 15分

徒歩 20分

源氏の氏神として戦勝祈願をした京都・石清水八幡宮を由比ヶ浜辺に祀り、その後現在の地に鎮座しました。

御朱印帳

5

鶴岡八幡宮《つるがおかはちまんぐう》

所要時間 2時間

鎌倉を代表する神社。源氏ゆかりの地としても有名で、全国から大勢の人が集まります。

Data　御祭神 応神天皇　比売神　神功皇后　神奈川県鎌倉市雪ノ下2-1-31　JR・江ノ電「鎌倉駅」下車、徒歩10分　6:00～20:30　8:30～16:30

京都・東山御朱印めぐりおすすめ1日コース

有名寺社が多く、観光客でにぎわう東山エリア。なかでも特に御朱印・御朱印帳が人気の寺社を回ってみましょう。

Start!

1 市比賣神社

所要時間 30分

いちひめじんじゃ

女神様だけをお祀りした神社。女性の守り神として慕われています。

Data 御祭神 多紀理比賣命 市寸嶋比賣命 多岐都比賣命 神大市比賣命 下光比賣命 京都府京都市下京区六条通河原町西入本塩竈町593 京阪「五条駅」下車、徒歩5分 9:00～17:00

授与時間 9:00～16:30

御朱印帳

ご神水「天之真名井《あめのまない》」を飲んで手を合わせると、一つだけ願い事が叶うそう。淡いピンクの装丁と組紐の文様のかわいらしい御朱印帳が人気。

バス＋徒歩20分

2 建仁寺

所要時間 1時間

けんにんじ

禅宗の教えをいまに伝える、京都最古の禅寺。俵屋宗達の「風神雷神図」が有名です。

Data 御本尊 釈迦如来 京都府京都市東山区大和大路四条下る四丁目小松町584 京阪「祇園四条駅」下車、徒歩7分 3月～10月10:00～16:30、11月～2月10:00～16:00 500円

御朱印帳

授与時間
3～10月10:00～16:30
11～2月10:00～16:00

「風神雷神図」は現在複製画を展示。海北友松の「雲龍図」が描かれた御朱印帳が人気です。

徒歩10分

3 六道珍皇寺

所要時間 1時間

りくどうちんのうじ

冥府を行き来したと伝わる小野篁《おののたかむら》卿ゆかりのお寺。地元では「六道さん」と呼ばれます。

Data 御本尊 薬師如来 京都府京都市東山区大和大路通四条下る四丁目小松町595 JR「京都駅」より市バス100・206系統「清水道」下車 徒歩5分 9:00～16:00（特別拝観時は9:30～16:30）

御朱印帳

小野篁卿の肖像画のオリジナル御朱印帳を授与されると、最初のページに瑠璃色で文字が書かれています。

授与時間 拝観時間に準ずる

徒歩
5分

4
安井金比羅宮

所要時間
30分

やすいこんぴらぐう

悪縁を切り、良縁を結ぶといわれ、縁切り縁結び碑には願掛けのため多くの人が訪れます。

Data　御祭神 崇徳天皇　大物主神　源頼政公
京都府京都市東山区下弁天町70　JR「京都駅」より市バス110・206系統「東山安井」下車、徒歩約3分　境内自由（授与所は9:00～17:30）

授与時間　9:00～17:30

大量のお札が貼られている縁切り縁結び碑は、中央の穴を往復でくぐって祈願します。御朱印に押されているのは人々に幸せを運ぶ宝船。

徒歩
5分

境内に奉納されているくくり猿は、猿が手足を庚申さんにくくりつけられて動けない姿をあらわしています。欲望のままに行動する猿を動けない姿にすることで、人間を戒めているのだとか。

授与時間　9:00～17:00

5
八坂庚申堂

所要時間
30分

やさかこうしんどう

庚申《こうしん》の日に徹夜をする風習、庚申信仰発祥の地。色とりどりのくくり猿が目を引きます。

Data　御本尊 青面金剛　京都府京都市東山区金園町390　JR「京都駅」より市バス100・206系統「清水道」下車、徒歩７分　9:00～17:00

徒歩
15分

6
知恩院

所要時間
2時間

ちおんいん

浄土宗の総本山。歴代徳川将軍も帰依したとされ、国宝にも指定されています。

Data　御本尊 阿弥陀如来
京都府京都市東山区林下町400
JR「京都駅」より市バス206系統「知恩院前」下車、徒歩５分
9:00～16:30　庭園拝観料（共通券）500円

御朱印帳

御朱印帳は国宝の「三門」があしらわれています。徳川秀忠の寄進によって建立されたもので、現存する木造建築の中で最大級の二重門です。

授与時間　9:00～16:00

map

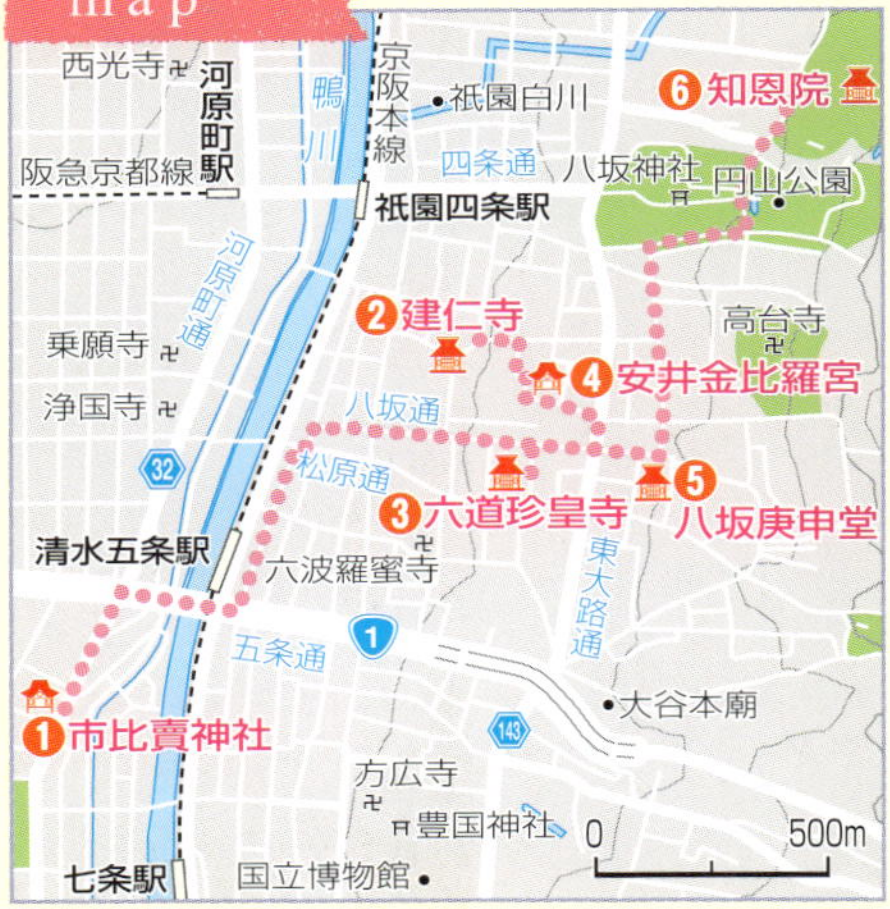

京都・宇治伏見、東福寺 御朱印めぐり一日コース

見所の多い宇治エリアを午前中から昼にかけて回り、午後は広い東福寺と塔頭寺院をじっくり散策してみて。

Start!

1 平等院《びょうどういん》

所要時間 1時間

藤原氏ゆかりの寺院。美しい外観はもちろんですが、貴重な文化財も見ることができます。

Data 御本尊 阿弥陀如来 京都府宇治市宇治蓮華116 JR「宇治駅」下車、徒歩10分 8:30～17:30 ¥600円

授与時間 9:00～17:00

御朱印帳

10円硬貨でおなじみの鳳凰堂や、本尊である阿弥陀如来坐像など数多くの国宝が所蔵されます。春に咲く「砂ずりの藤」も見所。

徒歩 20分

電車＋徒歩40分

2 宇治上神社《うじかみじんじゃ》

所要時間 40分

日本最古の神社建築として国宝に指定され、世界遺産にも登録されている神社です。

Data 御祭神 菟道稚郎子 応神天皇 仁徳天皇 京都府宇治市宇治山田599 京阪「宇治駅」下車、徒歩10分 7:00～16:30

御朱印帳

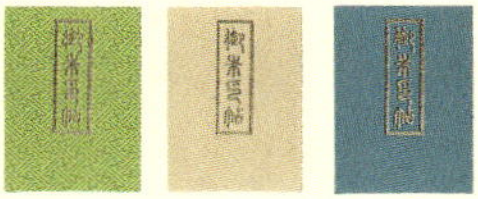

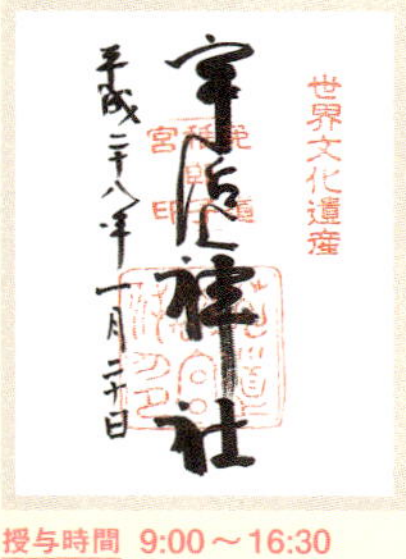

冬限定の御朱印「雪うさぎ朱印」

授与時間 9:00～16:30

創祀は定かではありませんが、本殿は1060年、拝殿は1215年頃に建立されたと伝えられています。季節によって色とりどりの和紙に書かれる華やかな御朱印が人気。境内の外には、石を積み上げると願いが叶うと伝わる天降石があります。

5

芬陀院《ふんだいん》

所要時間 20分

東福寺の塔頭寺院のひとつ。美しい庭園を眺めながらお抹茶をいただけます。

Data　御本尊 阿弥陀如来
京都府京都市東山区本町15-803　京阪「東福寺駅」下車、徒歩10分　4月～11月9:00～17:00、12月～3月9:00～16:00　¥300円　お抹茶（お菓子付き）600円

授与時間　拝観時間に準ずる

枯山水様式の庭園「鶴亀の庭」が有名。室町時代に水墨画家として活躍した禅僧・雪舟が作庭したと伝えられることから、"雪舟寺"の異名を持ちます。

徒歩 3分

3

伏見稲荷大社《ふしみいなりたいしゃ》

所要時間 2時間

全国に約3万社ある稲荷神社の総本宮。国内だけでなく外国人観光客にも人気です。

Data　御祭神 宇迦之御魂大神　佐田彦大神　大宮能売大神　田中大神　四大神　京都府京都市伏見区深草藪之内町68　JR「稲荷駅」下車、すぐ　境内自由

授与時間　8:00～16:30

「稲荷」とは五穀や食物を司る神様のこと。有名な千本鳥居をはじめ境内には数多くの鳥居が奉納されており、人々の信仰を集めています。

電車＋徒歩15分

境内には約2千本のカエデが植えられ、通天橋からの眺めは圧巻。本堂の天井画「蒼龍図」がデザインされた迫力のある御朱印帳が人気です。

授与時間　拝観受付時間に準ずる

御朱印帳

4

東福寺《とうふくじ》

所要時間 2時間

日本最古にして最大級の寺院といわれ、京都を代表する紅葉の名所です。

Data　御本尊 釈迦如来　京都府京都市東山区本町15-778　京阪「東福寺駅」下車、徒歩10分　4月～10月9:00～16:00、11月～12月初旬8:30～16:00、12月初旬～3月9:00～15:30　¥通天橋・開山堂400円　東福寺本坊庭園400円

map

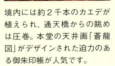

高野山御朱印めぐり 宿坊に1泊2日コース

総本山の金剛峯寺をはじめ、100を越える寺院が点在します。開創1200年を迎えた歴史ある街並みをめぐりましょう。

1日目

Start!

1 女人堂《にょにんどう》

所要時間 20分

高野山は明治5(1872)年まで女人禁制だったため、女性たちはここで遥拝や修行をしました。

Data 和歌山県伊都郡高野町高野山709 南海電鉄「高野山駅」よりバス「女人堂」下車すぐ 8:30～17:00

授与時間 8:30～17:00

高野山へは「高野七口」と呼ばれる登山道があり、かつてはすべての入口に女人堂が配されていました。現在残っているのは、こちらの不動口の女人堂のみ。

徒歩 5分

2 蓮華定院《れんげじょういん》

所要時間 20分

関ヶ原の戦いに敗れた真田昌幸、幸村父子が滞在した宿坊として有名なお寺です。

Data 御本尊 阿弥陀如来 和歌山県伊都郡高野町高野山700 南海電鉄「高野山駅」よりバス「一心口」下車すぐ ¥1泊2日9,450円～

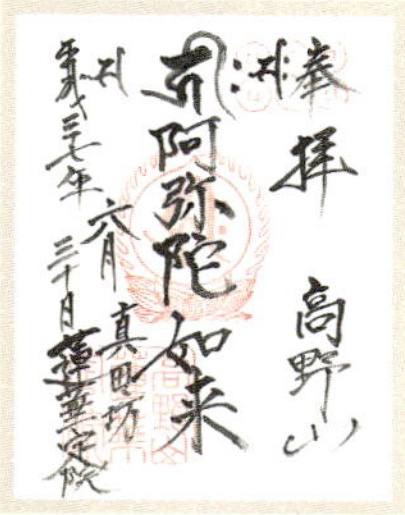

授与時間 8:00～18:00

現在、内部見学は宿泊客のみ可能。建物裏手には真田信之、信政の墓があり、宿泊しなくても見ることができます。参拝する場合は受付で許可をいただきましょう。

3

徳川家霊台《とくがわけれいだい》

所要時間 20分

江戸初期を代表する霊廟で、徳川家光が建立。徳川家康、秀忠が祀られています。

Data　和歌山県伊都郡高野町大字高野山682　南海電鉄「高野山駅」よりバス「浪切不動前」下車すぐ　8:30～17:00　¥200円

授与時間　8:30～17:00

向かって右側に家康、左側に秀忠が祀られています。写真は家康を祀った「東照宮家康霊屋」。内部は特別公開時以外では拝観できませんが、一面に豪華な装飾が施されています。

徒歩 7分

徒歩 5分

4

金剛峯寺《こんごうぶじ》

所要時間 1時間

高野山真言宗の総本山。弘仁7（816）年に弘法大師によって真言密教の道場として創建されました。

Data　御本尊 弘法大師　和歌山県伊都郡高野町高野山132　南海電鉄「高野山駅」よりバス「金剛峯寺前」下車すぐ　8:30～17:00　¥500円

「金剛峯寺」とは弘法大師が名付けたもの。高野山一山の総称であり、花々が彫られた天井絵をはじめ、寺内には狩野探幽や斉藤等室による襖絵なども数多く残っています。

授与時間　8:30～17:00

御朱印帳

（右上）高野山の古地図をあしらったもの。（左）開創1200年の2015年に授与された、杉の御霊木を使った限定品。（右）高野山イメージキャラクター「こうやくん」の御朱印帳。

宿坊に泊まろう！

5

天徳院《てんとくいん》

ゆっくり1泊

加賀藩・前田家三代利常公夫人ゆかりの菩提寺。重要文化財の庭園を有する宿坊寺院です。

Data 御本尊 大日如来　和歌山県伊都郡高野町高野山370　南海電鉄「高野山駅」よりバス「千手院橋」下車、徒歩5分　¥1泊2食9,000円～

天徳院の御朱印は宿泊受付の際に御朱印帳を預けて、チェックアウトの際に受け取ります。

授与時間　9:00～15:00

名勝に指定された小堀遠州の作庭による美しい池泉式庭園は、部屋から眺めることができます。夜ごはん、朝ごはんは精進料理をいただけます。特に天ぷらは絶品！

徒歩7分

徒歩10分

2日目

6

壇上伽藍《だんじょうがらん》

所要時間1時間

奥之院と並ぶ高野山の二大聖地。高野山境内全体の中核にあたる場所です。

Data 御本尊 薬師如来　和歌山県伊都郡高野町高野山1526　南海電鉄「高野山駅」よりバス「金堂前」下車すぐ　8:30～17:00　¥金堂200円　根本大塔200円

授与時間　8:30～17:00

弘法大師が高野山を開創した際に、初めに着手したのがこの地。総本堂である「金堂」や、真言密教の根本道場の象徴ともいうべき「根本大塔」など19の建造物が並びます。

徒歩10分

7

霊宝館《れいほうかん》

所要時間10分

高野山一山の寺院の貴重な文化遺産を保存・管理し、一般に公開している施設です。

Data 御本尊 弘法大師　和歌山県伊都郡高野町高野山306　南海電鉄「高野山駅」よりバス「霊宝館」前下車すぐ　5月～10月8:30～17:30、11月～4月8:30～17:00（入館は各閉館時間の30分前まで　¥600円

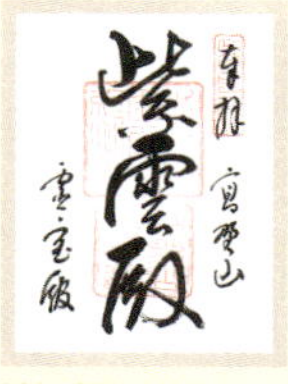

授与時間　開館時間に準ずる

鎌倉時代の有名な仏師、運慶・快慶の作品が展示されていることも。博物館の役割を持つ霊宝館は、御朱印もいただけます。拝観前に受付に預けましょう。

8
高野山大師教会《こうやさんたいしきょうかい》

所要時間
20分

高野山信仰の普及を目的に1925（大正14）年に建てられた、新しい大講堂です。

Data　御本尊 弘法大師　和歌山県伊都郡高野町高野山347　南海電鉄「高野山駅」よりバス「霊宝館前」下車すぐ　9:00～16:00

授与時間　8:30～17:00

現在は一般の参拝者にも開放しており、写経体験のほか、阿闍梨様の法話を聞き、「菩薩十善戒」授かる儀式「授戒」に参加することも可能です。

徒歩
3分

弘法大師御廟へ続く約2kmに及ぶ参道は、樹齢約700年ともいわれる杉の木立が続き荘厳な雰囲気に満ちています。名だたる戦国武将が一堂に会する墓所も見所。

9
奥之院《おくのいん》

所要時間
1時間

高野山の二大聖地のひとつ。織田信長や武田信玄など、名だたる武将が眠っています。

Data　御本尊 弘法大師　和歌山県伊都郡高野町高野山550　南海電鉄「高野山駅」よりバス「奥の院口」前下車、徒歩20分　燈籠堂8:30～17:00

授与時間
11月～4月8:30～16:30
5月～10月8:00～17:00

バス＋
徒歩40分

map

日光御朱印めぐり 宿坊に1泊2日コース

東京からは2時間足らずで行くことができる日光。神社の宿坊に泊まって、時間をかけて見て回りましょう。

1日目

＼Start!／

1 日光二荒山神社《にっこうふたらさんじんじゃ》

所要時間 1時間

日光山信仰の始まりとなった古社。現在は良い縁を結ぶ神社として女性に人気があります。

Data 御祭神 大己貴命　田心姫命　味耜高彦根命　栃木県日光市山内2307　JR「日光駅」より東武バス「西参道」下車、徒歩7分　4～10月8:00～17:00、11～3月 8:00～16:00　¥神苑拝観200円

男体山を御神体とし、日光の氏神様として慕われています。御朱印はこのほか2社を授与所でいただけます。木製の御朱印帳も人気。

御朱印帳

授与時間
4月～10月8:00～17:00
11月～3月9:00～16:00

徒歩3分

2 日光東照宮《にっこうとうしょうぐう》

所要時間 3時間

徳川家康公を神格化した「東照大権現」を祀る神社です。御鎮座から四百年を迎えました。

Data 御祭神 徳川家康公　栃木県日光市山内2301　JR「日光駅」より東武バス「神橋」下車、徒歩8分　4月～10月 8:00～17:00、11月～3月 8:00～16:00　¥1300円

境内の随所に「眠り猫」や「三猿」をはじめとした、名工の遊び心を感じさせる彫刻を見ることができます。御朱印は本殿のほかに奥宮でもいただけます。「眠り猫」や「三猿」が描かれた赤色の御朱印帳は、400年式年大祭限定のもの（終売）。

授与時間 4月～10月8:00～16:30
11月～3月8:00～15:30

御朱印帳

御朱印帳

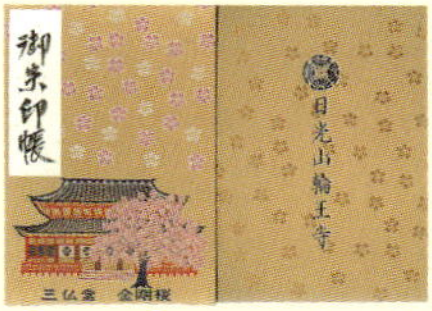

「三仏堂」と呼ばれる、３体の黄金の木彫座像が御本尊。お堂の前には推定樹齢500年といわれる金剛桜が植えられ、美しい花々が御朱印帳にもあしらわれています。

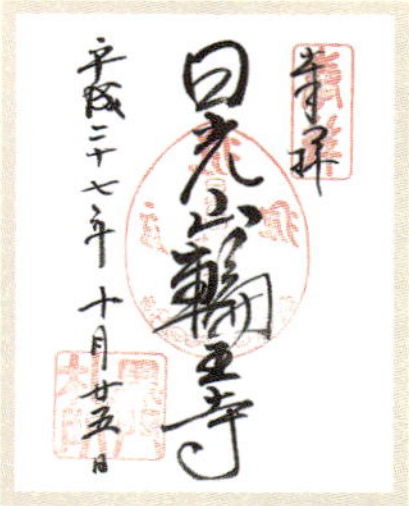

授与時間
4月～8月8:00～16:00
11月～3月8:00～15:00

3

輪王寺《りんのうじ》

所要時間
3時間

輪王寺はお堂や塔、15の支院等の総称。奈良時代に開かれた関東の一大霊場です。

Data　御本尊 千手観音　阿弥陀如来　馬頭観音　栃木県日光市山内2300　JR「日光駅」より東武バス「神橋」下車、徒歩５分　4月～10月 8:00～17:00、11月～3月 8:00～16:00　三仏堂400円　大猷院550円　三仏堂＋大猷院900円

徒歩
３分

車
１時間

宿坊に泊まろう！

4

古峯神社《ふるみねじんじゃ》

ゆっくり
１泊

日光山開山の祖・勝道上人が修行を積んだことから「日光発祥の地」といわれています。

Data　御祭神 日本武尊　栃木県鹿沼市草久3027　JR「鹿沼駅」より関東バス「古峯原神社」下車　8:00～17:00　1泊2食付き6,480円～

御朱印帳

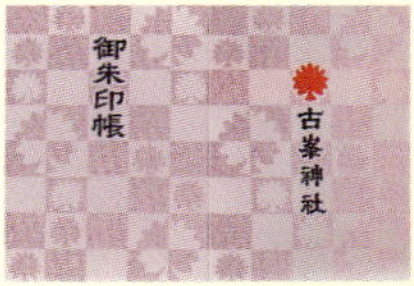

授与時間　9:00～16:00

別名“天狗の社”とも呼ばれ、敷地内には大小様々な天狗が祀られています。御朱印は20種の見本のうち、その日書いて頂けるものから好きなものを選ぶことができます。

拝殿と地続きになっている宿坊。朝のご祈祷にも参加することができます。

車
１時間
30分

5
中禅寺

所要時間
1時間

ちゅうぜんじ

輪王寺の別院。根がついたままの桂の立木を彫った御本尊は「立木観音」と呼ばれます。

Data 御本尊 十一面千手観世音菩薩 栃木県日光市中宮祠2578 JR「日光駅」より東武バス「中禅寺温泉」下車、徒歩15分 3月8:00～16:00、4月～10月8:00～17:00、11月8:00～16:00、12月～2月8:30～15:30 500円

不動明王をはじめ五大明王が安置されている「五大堂」からは中禅寺湖を一望できます。御朱印帳は黒と赤の2色。金地の模様は、宮家より輪王寺に使用を許された「鎹山《かすがいやま》の紋」。

御朱印帳

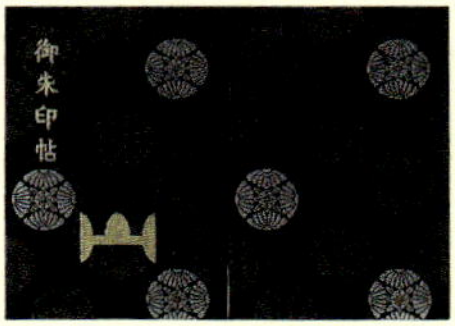

授与時間 拝観時間に準ずる

車
10分

6
二荒山神社 中宮祠

所要時間
1時間

ふたらさんじんじゃ　ちゅうぐうし

中禅寺湖を見渡せる湖畔に鎮座し、山頂の奥宮へは登拝道を3～4時間かけて登ります。

Data 御祭神 大己貴命　田心姫命　味耜高彦根命 栃木県日光市中宮祠2484 「日光駅」より東武バス「二荒山神社前」下車すぐ 4月～10月 8:00～17:00、11月～3月9:00～16:00

山頂にある二荒山神社奥宮と、日光市内にある二荒山本社の中間に位置することから「中宮祠」と呼ばれています。

授与時間 拝観時間に準ずる

7

多氣山不動尊

所要時間
１時間

たげさんふどうそん

地元の人々から火災防止、商売繁盛などのご利益がある寺院して信仰を集めています。

Data　御本尊 不動明王　栃木県宇都宮市田下町563　JR「宇都宮駅」から関東バス「立岩入口」下車、徒歩15分　境内自由

（左）お堂までは100段以上ある長い階段を登ります。（左下、右下）階段を上る途中には、眼の病を癒すお大師さまとして信仰を集める「弘法大師」や、かわいらしい鳥の石像などが奉納されています。左右を見ながら登っても楽しい。

車
１時間

授与時間　8:30～16:00

多氣山不動尊では全部で４つの御朱印がいただけます。押し印にあるように、北関東三十六不動尊霊場の十八番になっています。

map

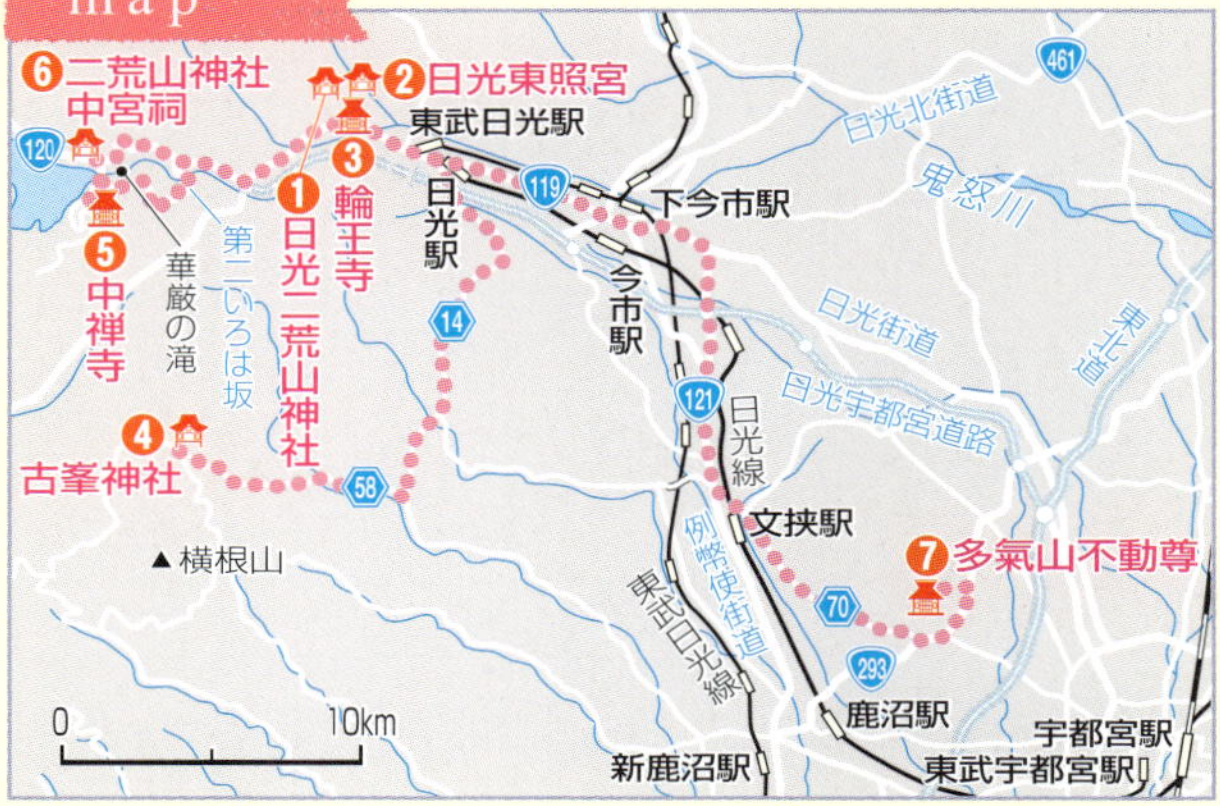

Column 1

寺社以外でいただける御朱印

御朱印のなかには寺社以外で授与していることも。こうした御朱印の番外編から、福島県・会津若松市の飯盛山をご紹介しましょう。

少年隊士・白虎隊の自刃の地で授与される御朱印とは

日本最後の内戦といわれる戊辰戦争。会津藩は旧幕府軍として新政府軍と激戦を繰り広げました。会津藩士の子弟で編成された少年隊士・白虎隊は、この戦いで敗走し、飯盛山で自刃します。当時の山主・飯盛正信は、白虎隊が「お殿様の懐でいつまでもこの飯盛山からお城を眺めていられるように」と山のほとんどを、会津藩主の松平容保公に献上しました。しかし、容保公から「そんなにしてもらっては、飯盛家の財産が無くなり食べていけなくなってしまう。それならば、この白虎隊の墓守をして線香や御朱印を売って食べていって下さい」と言われたのだそう。飯盛正信の妻キンは「生きた人間の稼ぎにするのはもってのほか」といい、線香代と御朱印代は全額をあらゆる福祉施設や赤十字などに寄付をしました。当時は茶屋として白虎隊の墓守をしていましたが、昭和3年に飯盛分店というお店に変え、現在もなお線香代と御朱印代は全額寄付をされています。御朱印をいただけるほか、お土産や食事所があり、飯盛山を訪れた人でにぎわっています。

容保公から直接書くことを命じられ、今も白虎隊の墓守だけが書くことのできる御朱印。

授与時間　8:00～17:00

※書く方が不在の場合は書き置きになります。

Data　飯盛分店　福島県会津若松市一箕町大字八幡弁天下1404-4　JR磐越西線「会津若松駅」から会津バス「飯盛山下」下車、徒歩5分　8:00～17:00

福島の神社の御朱印、こちらもいかが?

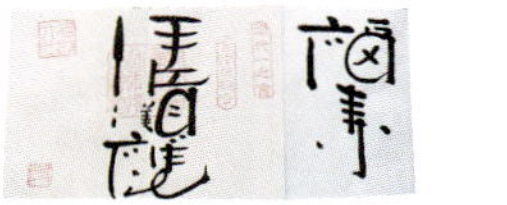

伊佐須美神社

いさすみじんじゃ

3ページに渡って書かれる御朱印は圧巻。伊佐須美神社の御朱印帳を授与いただくと書いていただけます。

Data　福島県大沼郡会津美里町宇宮林甲4377　JR「会津若松駅」より会津バス「横町」下車、徒歩2分　8:00～17:00

3章

ご利益別寺社&特長別御朱印めぐり

縁結びや金運などに
ご利益・ご神徳のある神社の御朱印から、
四季で変化したり見開きだったりと、
特徴のある寺社の御朱印を集めました。
寺社の情報も載せているので、
おまいりの際にお役立てください。

日本で初めて神前結婚式を行った縁結びの神様

東京大神宮《とうきょうだいじんぐう》 | 東京 |

御祭神　○天照皇大神　○豊受大神
○天之御中主神・高御産巣日神・神産巣日神（造化の三神）　○倭比賣命

縁結びにご利益・ご神徳がある神社

人間関係、男女関係、家族など人と人とのご縁を結ぶことにご利益・ご神徳がある寺社で、縁つなぎを祈りましょう。

（右）大人気の「縁結びの鈴蘭守り」は、幸福が訪れるという花言葉を持つスズランがモチーフ。

恋についてのアドバイスが記された「恋みくじ」

良縁を願う人が多く訪れる神社

明治13年に東京における伊勢神宮の遥拝殿として創建。伊勢神宮と同じ神様をお祀りし、東京にいながらお伊勢参りが叶う、「東京のお伊勢さま」として親しまれています。ほかに結びの働きをつかさどる造化の三神があわせ祀られ、また、各家庭で行われていた結婚式を、東京大神宮が日本で初めて神社のご神前で行ったことから、縁結びの神社として有名になりました。

御朱印帳

人気は蝶々の絵柄の御朱印帳。

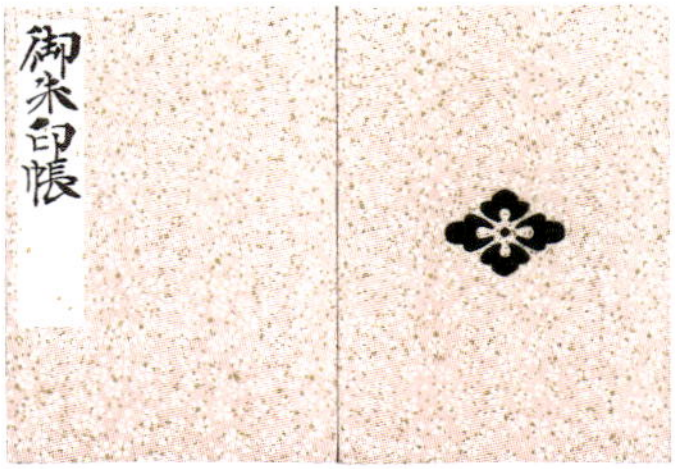

桜の時期は桜の花柄が入った御朱印帳に人気が集まるそう。

授与時間 9:00～17:00

ビジネス街に位置する東京大神宮は、週末になると多くの女性やカップルの参拝客が訪れます。御朱印をいただくときは時間に余裕を持って。

Data

東京都千代田区富士見2-4-1
JR中央・総武線・東京メトロ有楽町線・南北線・都営地下鉄大江戸線東西線「飯田橋」駅下車、徒歩約5分　6:00～21:00

七夕の頃には色とりどりの短冊が飾られ、短冊に書かれた願いごとが叶うよう「七夕祈願祭」が行われます。

願いごとをつづって神様に手紙を書く「願い文」。

雅楽の音に合わせ、巫女さんが舞を奉納する結婚式。

誰しもが知る、縁結びの神様

出雲大社《いずもおおやしろ》 | 島根 |

御祭神 ◯大国主大神

本殿は1744年に建立、神社建築の中では日本一を誇り、大社造で国宝に指定されています。

神社で唯一、大社とよばれる出雲大社

一年に一度、全国の神様が集まる出雲大社。縁結びの神・福の神として名高い同大社の歴史は古く、日本最古の歴史書といわれる「古事記」にその創建が記されています。

主祭神は大国主大神《おおくにぬしおおかみ》で、古事記では天照大神《あまてらすおおかみ》に国を譲り、その時に造営された天日隅宮《あまのひすみのみや》が出雲大社の始まりといわれています。平成25年に60年に一度行われる大遷宮が行われました。

大国主大神が祀られている本殿のその荘厳な佇まいが見事に蘇ったことは記憶に新しいところです。

授与時間　3月～10月6:00～20:00、11月～2月6:30～20:00

出雲大社で授与いただける御朱印。出雲大社の社名が入った御朱印帳は取り扱いをしていません。

大国主大神の「因幡の素兎（しろうさぎ）神話」にちなみ、境内にはさまざまな表情をしたうさぎの像が置いてあります。

Data

島根県出雲市大社町杵築東195　一畑電車「出雲大社前駅」下車、徒歩約10分／JR「出雲市駅」下車、一畑バス「出雲大社」、「出雲大社・日御碕」行きバス「出雲大社」バス停下車、徒歩1分　6:00～20:00

朝夕のご奉仕の他、神楽や祈祷が奉仕されます。広間は270畳と広く、正面破風の装飾にステンドグラスを使用。

鈴の音を鳴らして幸せを呼び込む「しあわせの鈴」。

「だいこくさま」と呼ばれ親しまれている大国主大神。

日向灘に面した断崖絶壁の洞窟に鎮座

鵜戸神宮 | 宮崎 |

うどじんぐう

御祭神 ○日子波瀲武鸕鷀草葺不合尊《ひこなぎさたけうがやふきあえずのみこと》

自然の洞窟のなかに建つ珍しい社殿

山幸彦《やまさちひこ》（彦火火出見尊《ほおりのみこと》）が、兄（海幸彦《うみさちひこ》）の釣り針を探しに海宮（龍宮）に赴き、海神の娘、豊玉姫命《とよたまひめのみこと》と契りを結ばれ、鵜戸の洞窟にてご祭神は誕生しました。御祭神と豊玉姫命の妹、玉依姫命《たまよりひめのみこと》が結ばれたことから縁結び、また、豊玉姫命がお子への成長を願い、両乳房を残して行かれたと伝えられる岩「おちちいわ」は、安産、育児を願う人々の信仰のよりどころとなっています。

（上）亀石の穴の中に運玉を投げて入ると願いが叶うといいます。（右）崖沿いの石段を降りる珍しい参道。（左）おちちいわから滴る水で作ったおちちあめ。

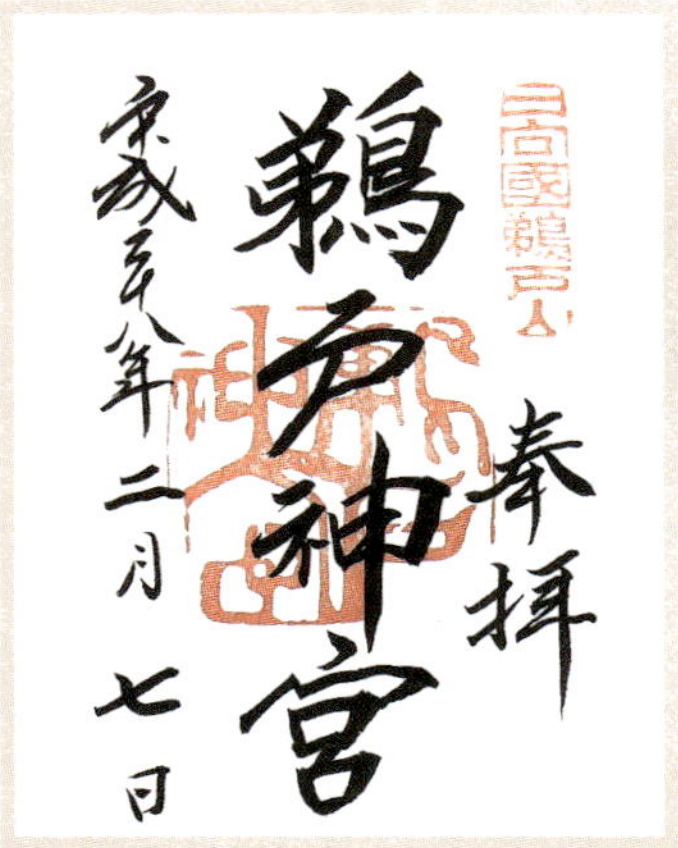

授与時間 4月～9月6:00～19:00、10月～3月7:00～18:00

押し印の「日向國」は宮崎県の旧国名のこと。

御朱印帳

かわいいウサギの図柄が人気の御朱印帳はピンクと紺の2色で、図柄も異なります。

Data

宮崎県日南市大字宮浦3232番地

JR日南線「伊比井駅」または「油津駅」下車から宮崎交通バス「鵜戸神宮」下車、徒歩10分 4月～9月6:00～19:00、10月～3月7:00～18:00

日本書紀にも登場する縁結びの女神

白山比咩神社 | 石川 |

しらやまひめのじんじゃ

御祭神　○白山比咩大神（菊理媛尊）　○伊弉諾尊　○伊弉冉尊

全国およそ3000社ある白山神社の総本社

白山を御神体とする全国白山神社の総本宮。崇神天皇7（前91）年に、標高178mの舟岡山に神地を定めたのが創建。日本書紀によると、夫婦の伊弉諾尊《いざなぎのみこと》と伊弉冉尊《いざなみのみこと》が仲違いした時に菊理媛尊《くくりひめのみこと》が仲裁役になり、その後、天照大御神《あまてらすおおみかみ》や月読尊《つくよみのみこと》、須佐之男尊《すさのおのみこと》が生まれたことから、ご祭神の菊理媛尊は和合の神、縁結びの神として知られています。

広大な境内にある厳かな社殿。御祭神の白山比咩大神（菊理媛尊）を祀り、江戸時代の明和7（1770）年に、加賀藩10代藩主・前田重教の寄進によって造営されました。

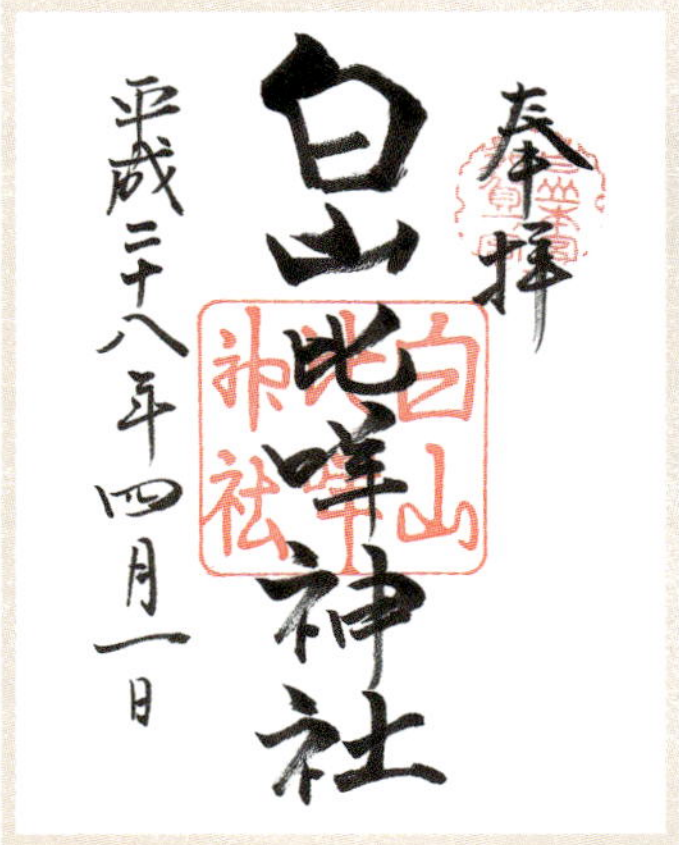

授与時間　9:00～16:00

御朱印帳

神紋である三子持亀甲《みつこもちきっこう》瓜花《うりのはな》にちなみ、瓜の花が描かれた可愛らしいデザインの御朱印帳。

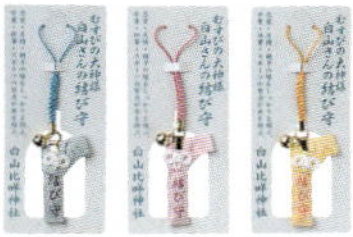

人気のお守り・結び守

Data

石川県白山市三宮町ニ105-1
北陸鉄道石川線「鶴来駅」から加賀白山バス「一の宮」下車、徒歩5分
境内自由　宝物館300円（12～3月休館）

夫婦杉の周りをまわって縁結び

高千穂神社《たかちほじんじゃ》 | 宮崎 |

約1900年前の垂仁《すいじん》天皇時代に創建、高千穂郷八十八社の総社。農産業・厄祓・縁結びの神として広く信仰を集めています。境内には2本の杉の幹がくっついた「夫婦杉」があり、この杉の周りを夫婦、恋人、友達と手をつないでまわると、縁結び・家内安全・子孫繁栄がかなうといわれています。

御朱印帳

高千穂の峰に降り立ったという天孫降臨神話や、御神木「夫婦杉」、高千穂峡を描いた御朱印帳。色違いで朱色もあります。

Data 御祭神 高千穂皇神　瓊瓊杵尊　木花開耶姫命　彦火火出見尊　豊玉姫命　鸕鶿草葺不合尊　玉依姫命　宮崎県西臼杵郡高千穂町大字三田井1037　高千穂バスセンターから車で5分　境内自由　8:00～17:00

日本書紀にも登場する縁結びの女神

白山神社《はくさんじんじゃ》 | 新潟 |

御朱印帳

可愛らしい小花が散った御朱印帳。ほかにも人気のキャラクター、キティが描かれた御朱印帳も。

御祭神の菊理媛大神は、「くく」が男女の仲を糸をくくり整えるように取りもつという意味をもつことから、縁結びのご神徳があるといわれています。

Data 御祭神 菊理媛大神　伊邪那岐命　伊邪那美命　天照皇大神　八幡大神　ほか13柱　新潟県新潟市中央区一番堀通町1-1　JR新潟駅萬代橋ライン「市役所前」下車、徒歩1分　境内自由　6:00～20:00

男女間、仕事などあらゆる縁を結ぶ

貴船神社《きふねじんじゃ》 | 京都 |

御朱印には双葉葵の押し印が入っています。

平安時代、歌人の和泉式部が心変わりした夫との復縁祈願を成就させました。以来、貴船神社は恋の宮と呼ばれ、縁結びの神として篤い信仰を集めています。

Data 御祭神 高龗神　磐長姫命　京都府京都市左京区鞍馬貴船町180　地下鉄烏丸線「国際会館駅」より京都バス52系統で「貴船口」下車、京都バス33系統で「貴船」下車、徒歩5分　5月～11月6:00～20:00、12月～4月6:00～18:00※正月三が日は20:00閉門　9:00～16:30

明治天皇が北海道に「開拓三神」を祀るよう詔を出したのが創始の神社。三方を山に囲まれ、一方は平野に開けている円山の地に造営しました。広大な境内は、桜の名所としても知られ、時折境内には小さな動物達も訪れています。開拓功労者を祀る「開拓神社」にも合わせて参拝を。

北の大地を鎮め守る北海道総鎮守

北海道神宮　｜北海道｜

ほっかいどうじんぐう

御朱印帳

特徴的な神明造りの社殿を描いた御朱印帳。

Data　御祭神 大国魂神　大那牟遅神　少彦名神　明治天皇　北海道札幌市中央区宮ケ丘474　地下鉄東西線「円山公園駅」下車、徒歩15分ほか　夏期6:00～17:00、冬期7:00～16:00　※正月期間はHP参照　10:00～16:00

玉伝説の残る格式ある上総国一之宮

玉前神社　｜千葉｜

たまさきじんじゃ

社殿は珍しい黒漆塗りの権現造り。江戸時代に再建されており、県の指定文化財になっています。

『古事記』では豊玉姫命《とよたまひめのみこと》が浜で鵜茅葺不合命《うがやふきあえずのみこと》を出産の後、妹の玉依姫命《たまよりひめのみこと》が育てたとあります。縁結びや子授けなどのご神徳を授かりに多くの人が訪れています。

Data　御祭神 玉依姫命　千葉県長生郡一宮町一宮3048　JR外房線「上総一之宮駅」下車徒歩８分　境内自由　9:00～17:00

良縁を授かる「縁結び参り」が人気

赤坂氷川神社　｜東京｜

あかさかひかわじんじゃ

御朱印帳

天然記念物の大イチョウをあしらった御朱印帳は、水色とピンクの計３色があります。

素戔嗚尊《すさのおのみこと》と奇稲田姫命《くしいなだひめのみこと》の夫婦神と全てのご縁を司るとされる大己貴命《おおなむじのみこと》(別名：大国主命《おおくにぬしのみこと》)をお祀りしていることから、良縁のご神徳が強いといわれています。

Data　御祭神 素盞嗚尊　奇稲田姫命　大己貴命　東京都港区赤坂6-10-12　千代田線「赤坂駅」下車、徒歩8分／日比谷線・大江戸線「六本木駅」より下車、8分　6:00～17:30　8:30～17:00

石段を登り切ったときに見える景色は最高！

金刀比羅宮 ｜香川｜

ことひらぐう

御祭神 ◯大物主神 ◯崇徳天皇

金運、商売繁盛にご利益・ご神徳がある神社

「お給料がアップしますように」「商売がうまくいきますように」などのお願いごとは財運や金運、商売繁盛のご利益・ご神徳を授けていただきましょう。

(右)御本宮までの石段は785段。その先にある鳥居をくぐると道は奥社(厳魂神社)へ。
(左)ご利益のありそうな、黄色の布に金と書かれた「幸福の黄色いお守り」。

全国にある金刀比羅宮の総本社

「こんぴらさん」と呼ばれ親しまれている金刀比羅宮は、大物主神を祀り、往古は「琴平神社」と称しました。やがて、神仏習合から「金毘羅大権現」と改称し、1165年には相殿に崇徳天皇を合祀。1868年に神仏混淆が廃止されてもとの神社に戻り、「金刀比羅宮」と改称しています。大物主神《おおものぬしのかみ》は、農業殖産、漁業航海、医薬、技芸など広い神徳を持つ神様として人々の厚い信仰を集めています。ご神紋が金に◯であることから、金運・商売繁盛の神様としても全国的に有名となっています。

御朱印帳

宮司の手書きによるキャラクター「笑顔元気くん」がデザインされた個性的な御朱印帳。

かわいい狗の授与品に注目です

こんぴら狗のおみくじ。江戸時代、遠くに行けない主人の代参をした犬をそう呼びました。袋には初穂料などが入れられ、犬は旅人から旅人へと連れられ目的地にたどり着いたそう。

授与時間　本宮、奥社ともに拝観時間に準ずる

本宮の御朱印のほかにも、さらに石段を登った先にある奥社「白峰神社」と「厳魂神社」ではそれぞれ異なる御朱印がいただけます。

Data

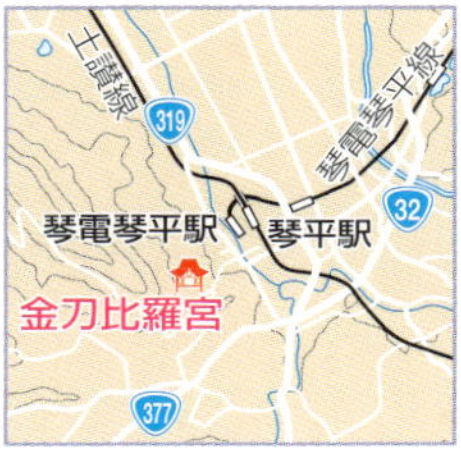

香川県仲多度郡琴平町892-1
土讃本線「琴平駅」下車、徒歩20分／高松琴平電鉄琴平線「琴平駅」下車、徒歩15分※いずれも参道入口まで　本宮6:00～17:00（3月、4月、9月、10月は17:30まで、5月～8月は18:00まで）奥社8:00～17:00　博物館施設800円　参拝は無料

開運こんぴら狗《いぬ》みくじは、こんぴら狗をかたどった容器から、おみくじをひく。初穂料100円。

奥社からの讃岐富士、瀬戸内海まで見渡せます。

1865年完成、高さ27メートルの日本一高い灯籠。

自然豊かな境内で巳のご利益を授かる

金蛇水神社 | 宮城 |

かなへびすいじんじゃ

御祭神 ◯金蛇大神（水速女命） ◯大己貴命（大国主命） ◯少彦名命

境内には石に蛇の文様が施された蛇石が多数置かれています（写真右上）。おなじ境内には樹齢300年の九龍の藤や牡丹園があり、名所になっています。

1000年あまりの歴史をもつ金運円満の神様

京都の刀匠・小鍛冶《こかじ》宗近《むねちか》が、この地にあった水神宮に祈願して刀を鍛え始めたところ、蛙の鳴き声で集中できません。そこで蛇の姿を作り田に放つと蛙は鳴きやみ、無事素晴らしい刀を作ることができました。宗近は、神への感謝のために巳の姿を献納。以来、これを御神体とし、金蛇水神社と称するようになりました。金運円満、商売繁盛、海上安全の神として信仰されています。

授与時間 8:00～16:00

神社名の印には細かい文様が施されています。御朱印と一緒に参拝のしおりもいただけます。

御朱印帳

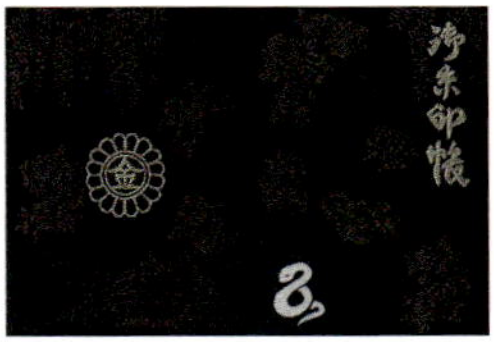

御朱印帳は黒色と金色の２種類。蛇のほか牡丹や藤の花など見どころを反映した一冊。

Data

宮城県岩沼市三色吉字水神7

JR東北本線・常磐線「岩沼駅」下車より徒歩40分または車で10分／市営バス大師線、西部線「ハナトピア岩沼」下車、徒歩10分

境内自由

御祭神の淳熨斗姫命《ぬしのひめのみこと》は景《けい》行《こう》天皇の第六皇女。夫神五十瓊敷入彦命《いにしきいりひこのみこと》が朝敵として討滅されたあと、この地に入り、地域住民を母の如く労り、町を開拓、産業・農業の発展に寄与しました。その後、金大神と祀られ、産業繁栄や財宝・金運招福、商売繁盛の神様として信仰を集めています。

御朱印帳

持っているだけで金運が上がりそうな、鮮やかな山吹色の御朱印帳。社紋の押し印も金色です。

金色に輝く「こがね守」で金運を招く

金神社　｜岐阜｜

こがねじんじゃ

Data　御祭神 淳熨斗姫命　岐阜県岐阜市金町5-3　JR、名鉄「岐阜駅」から徒歩15分／岐阜バス文化センター「金神社前」下車すぐ　境内自由　9:00～17:00

参拝客から宝くじ高額当選者が続々

宝当神社　｜佐賀｜

ほうとうじんじゃ

御朱印帳

幸運を呼ぶ白虎と島の風景を描いた御朱印帳。別種で満開の藤棚の図柄も。

戦国時代の武将、野崎隠岐守綱吉《のざきおきのもりつなよし》を祀っています。製塩業で島が潤った時、「寶當神社」と記した鳥居を奉納しました。以来、宝当神社と呼ばれています。

Data　御祭神 野崎隠岐守綱吉命　佐賀県唐津市高島523　JR「唐津駅」より徒歩15分、宝当桟橋より定期船で「高島港」へ。港より徒歩５分　8:00～17:00　10:00～15:00

ニシン伝説の残る北海道最古の神社

姥神大神宮　｜北海道｜

うばがみだいじんぐう

御朱印帳

ニシンがやってくるきっかけを作った、伝承の壺を描いた御朱印帳。御朱印にも壺の印が。

姥が神の教示により壺の水を海に入れると、江差にニシンの群れが来るようになりました。ニシン漁の始祖として信仰を集め、姥神として崇められました。

Data　御祭神 天照大御神　住吉三柱大神　春日大神　北海道桧山郡江差町姥神町99番地　JR「函館駅」より江差線バス「姥神町」下車、徒歩３分　境内自由　9:00～17:00

年間300万人が参拝する日本三大稲荷のひとつ

祐徳稲荷神社 | 佐賀 |

ゆうとくいなりじんじゃ

御祭神 ◯倉稲魂大神 ◯大宮売大神 ◯猿田彦大神

仕事運にご利益・ご神徳がある寺社

仕事運を上昇させてくれる頼もしい神様や仏様。商談前や昇進をしたいときにお参りしてみてはいかがでしょう。

かわいいお守りもあります！

（上）斜面に朱色の柱を組んで立つ本殿。
（右）楼門の装飾の一部や内部の随神像は有田焼で作られています。
（左）うまくいくように導く「うまくいく守り」。

九州一の稲荷神社で仕事も商売もうまくいく

「肥前名所は祐徳稲荷　運と福との授け神」と詩人の野口雨情も詠った佐賀のお稲荷さん。1687年、肥前鹿島藩主鍋島《なべしま》直《なお》朝《とも》の夫人・花山院萬子媛が、朝廷の勅願所だった稲荷大神の御分霊を勧請して創建され、京都の伏見、茨城の笠間と並ぶ日本三大稲荷のひとつとされます。ご祭神の倉稲魂大神《うかのみたまのみこと》は五穀や衣食住を司る生活全般の守護神で、商売繁盛、家運繁栄、大漁満足のご利益を求め、年間300万人もの参拝者が訪れます。「鎮西の日光」と称される漆塗りの壮麗な社殿も見どころです。

御朱印帳

壮麗な楼門や拝殿、牡丹の花を描いた御朱印帳。ピンク色の御朱印帳は女性に大人気。

御朱印帳を授与いただくと、女性は可愛い巫女のイラスト入りのあぶらとり紙がもらえます。

授与時間　8:00～16:00

Data

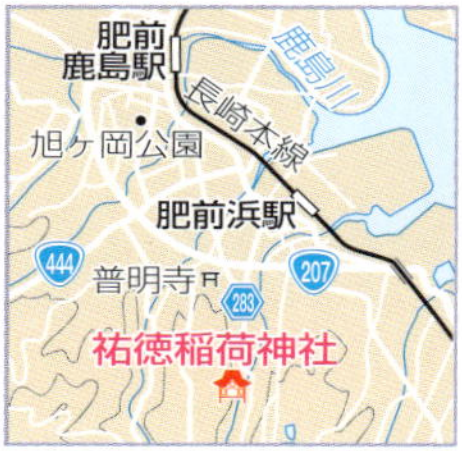

佐賀県鹿島市古枝乙1855
JR長崎本線「肥前鹿島駅」下車。駅よりタクシーで約10分。
祐徳博物館　9:00～16:30
祐徳博物館　大人300円、大学生・高校生200円、中学生・小学生100円。参拝は無料

境内にある岩崎社は縁結びの神様で知られ、近年は祈願に訪れる女性が急増中。ハート型の縁結び絵馬も人気。

300年以上の歴史があるお田植え祭り。

日本庭園は季節の花木が美しく、紅葉も見事です。

全国に4万以上ある八幡社の総本宮

宇佐神宮《うさじんぐう》 ｜大分｜

御祭神　八幡大神　比売大神　神功皇后

上宮の南中楼門（勅使門）

神宮表参道に立つ西大門

皇室も護ってきた八幡様のご利益を頂く

全国の神社で最も多いのが八幡神社で、宇佐神宮はその八幡様の総本宮です。725年に応神《おうじん》天皇のご神霊・八幡大神を祀って創建。伊勢神宮とともに古くから皇室のご崇敬をあつめ、武士階級にも武運の神「弓矢八幡」として信仰されてきました。八幡大神の神威・神通力は自在に働くとされ、「二拝四拍手一拝」の独特の作法で参拝すれば、家運隆盛をはじめさまざまなご利益が得られます。比売《ひめ》大神《おおみかみ》は産業発展や交通安全、神功《じんぐう》皇后は安産・教育の守護神としてそれぞれのご利益があります。

ペアでもちたい縁結び御守

御朱印帳

宇佐神宮は神輿発祥の地。古代史において、反乱を収めるために日本で初めて神輿を作り、鎮圧した故事にちなんだ意匠です。

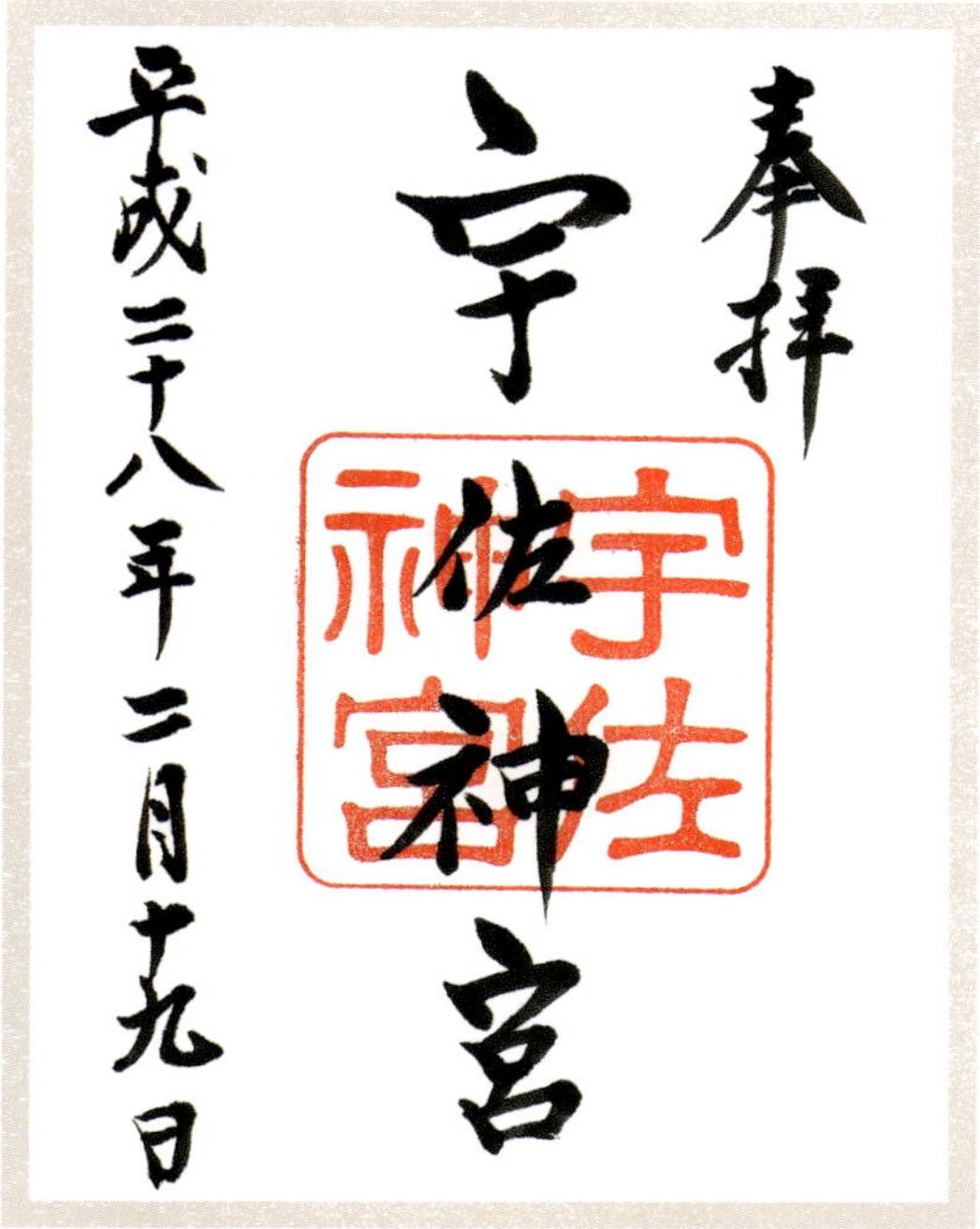

授与時間　8:00～17:00

シンプルな御朱印。参拝の際は、本殿の上宮のあと下宮も忘れずに参拝を。境内が広いので、時間に余裕をもっておきましょう。

Data

大分県宇佐市大字南宇佐2859
JR日豊本線「宇佐駅」下車、駅よりタクシーで約10分／大分交通バス「宇佐八幡バス停」下車すぐ　上宮開門時間　4月～9月5:30～21:00、10月～3月6:00～21:00。宝物館9:00～16:00（火曜休）

西参道にある屋根付きの橋「呉橋《くれはし》」。呉の国の人が架けたという伝承からこの名で呼ばれています。

7～8月には１万株以上の古代蓮が開花します。

ほぼ左右対象の石が寄り添うように並ぶ夫婦石。

今も昔も大勢の人から信仰を集める

熱田神宮 ｜愛知｜

あつたじんぐう

御祭神 ◯熱田大神

熱田大神のご神徳で日々の暮らしを豊かに

地元で「熱田さん」と親しまれるだけでなく全国から信仰を集め、年間650万人もの参拝者が訪れます。およそ1900年前、三種の神器の一つである草薙《くさなぎの》神《み》剣《つるぎ》が熱田に祀られたのを起源とし、古来より朝廷や武家の崇敬を集めてきました。ご祭神の熱田大神とは草薙神剣をご神体とする天照大神のこと。業務繁栄・産業振興の神社でもあり、経営者やビジネスマンの参詣も多く見られます。

（上）神苑には弘法大師のお手植えと伝えられる「大楠」（樹齢千年以上）も見られます。（下）平成21年に創祀千九百年を記念して造営された本宮拝殿。

授与時間 7:00～日没頃まで

同じ境内の正門近くにある「別宮八剣宮」、「上知我麻神社」でも御朱印がいただけます。

御朱印帳

「桐竹紋」と呼ばれる神紋が入ったシンプルな御朱印帳です。

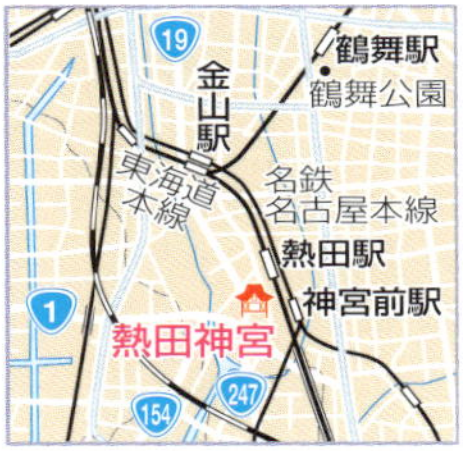

Data

愛知県名古屋市熱田区神宮1-1-1
名鉄名古屋本線「神宮前駅」下車、徒歩3分／地下鉄名城線「神宮西駅」下車、徒歩7分 宝物館 9:00～16:30 ¥宝物館 大人300円、小中学生150円

徳川将軍家ゆかりの浄土宗大本山

増上寺 | 東京 |

ぞうじょうじ

徳川家の菩提寺として江戸時代には大隆盛を迎え、墓所には二代秀忠公をはじめ6人の徳川将軍が眠っています。家康公が崇崇した黒本尊と呼ばれる阿弥陀如来像は勝運、災難除けの仏として広く信仰を集め、仕事の勝運や出世祈願の参詣者も多いです。

御朱印帳

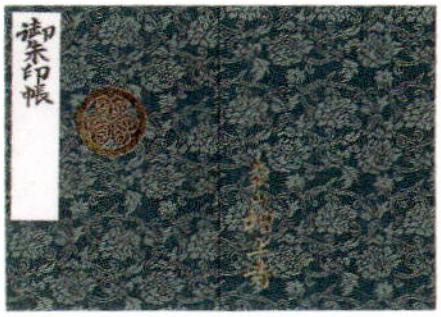

徳川家康が深く信仰した阿弥陀如来、別名・黒本尊の墨書きと三つ葉葵の押し印が入る御朱印帳。御朱印も徳川家の家紋があしらわれたデザイン。

Data 御本尊 阿弥陀如来　東京都港区芝公園4-7-35　都営地下鉄三田線「御成門駅」または「芝公園駅」下車、徒歩３分／JR・東京モノレール「浜松町駅」下車、徒歩10分　宝物展示室・徳川将軍家墓所10:00～16:00（火曜休）　9:00～17:00　宝物展示室 一般700円、徳川将軍家墓所 一般500円（共通券1000円）

「大麻さん」と親しまれる徳島の総鎮守

大麻比古神社 | 徳島 |

おおあさひこじんじゃ

御朱印のほか、麻の葉の社紋が入った御朱印帳も。

ご祭神の子孫が麻の生産に寄与した伝承から、仕事運上昇のご利益と方除け、厄除け、安産、交通安全のご神徳を頂けます。

Data 御祭神 大麻比古大神　猿田彦大神　徳島県鳴門市大麻町板東字広塚13　JR高徳線「板東駅」から徒歩約30分／高松自動車道板野ICから車で10分／徳島自動車道藍住ICから車で15分　6:00～17:00　8:30～17:00

1300年の歴史を誇る江戸の総鎮守

神田明神 | 東京 |

かんだみょうじん

御朱印帳

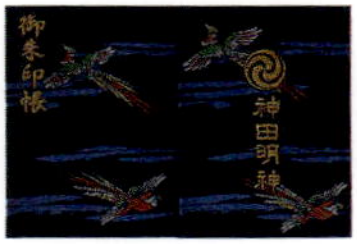

鳳凰殿の鳳凰をあしらった御朱印帳。ほかに水色とピンク色もあります。

大己貴命《おほなむちのみこと》は縁結び、少彦名命《すくなひこなのみこと》は商売繁盛、平将門命は除災厄除の神様として御神徳があり、経営の神様・松下幸之助も深く信仰しました。

Data 御祭神 大己貴命　少彦名命　平将門命　東京都千代田区外神田2-16-2　JR中央線・総武線「御茶ノ水駅」（聖橋口）下車、徒歩５分／JR山手線・京浜東北線「秋葉原駅」下車、徒歩７分／東京メトロ丸の内線ほか利用可　境内自由　9:00～16:00

世界遺産熊野の新宮で開運招福

熊野速玉大社 | 和歌山 |

くまのはやたまたいしゃ

御祭神 ◯熊野速玉大神 ◯熊野結大神 ◯家津美御子命 ◯国常立命 ◯天照大神ほか

家内安全にご利益・ご神徳がある寺社

家族が健康で幸せであることを祈願する神社のなかでも年に一回は参拝したい、ご利益・ご神徳の高い寺社をご紹介します。

(上)朱の柱が美しい拝殿。(右)平重盛お手植えと伝えられるご神木〝なぎの大樹〟。樹齢千年といわれる。(左)烏文字がユニークな牛王宝印となぎ守り。

家内安全に、縁結びに熊野のご霊験あらたか

神代の頃、神々が神倉山のゴドビキ岩に降臨し、後に熊野川対岸に祀られ、129年に現在地に遷座されたのが熊野速玉大社の起源です。初めて社殿を立ててお祀りしたことから、新宮と呼ばれ、全国三千数百社の熊野神社の総本宮です。縁結びの神・熊野結大神《くまのむすびのおおかみ》とご神木〝なぎの大樹〟にちなんだ「なぎ守り」や「なぎ人形」は家内安全・縁結びのご利益で知られ、烏文字の牛王《ごおう》宝印は誓紙や護符として戦国武将から江戸の庶民にまで大切にされていました。

御朱印帳

例大祭である御船祭の様子と、社殿を描いた御朱印帳。細かい刺しゅうがほどこされています。

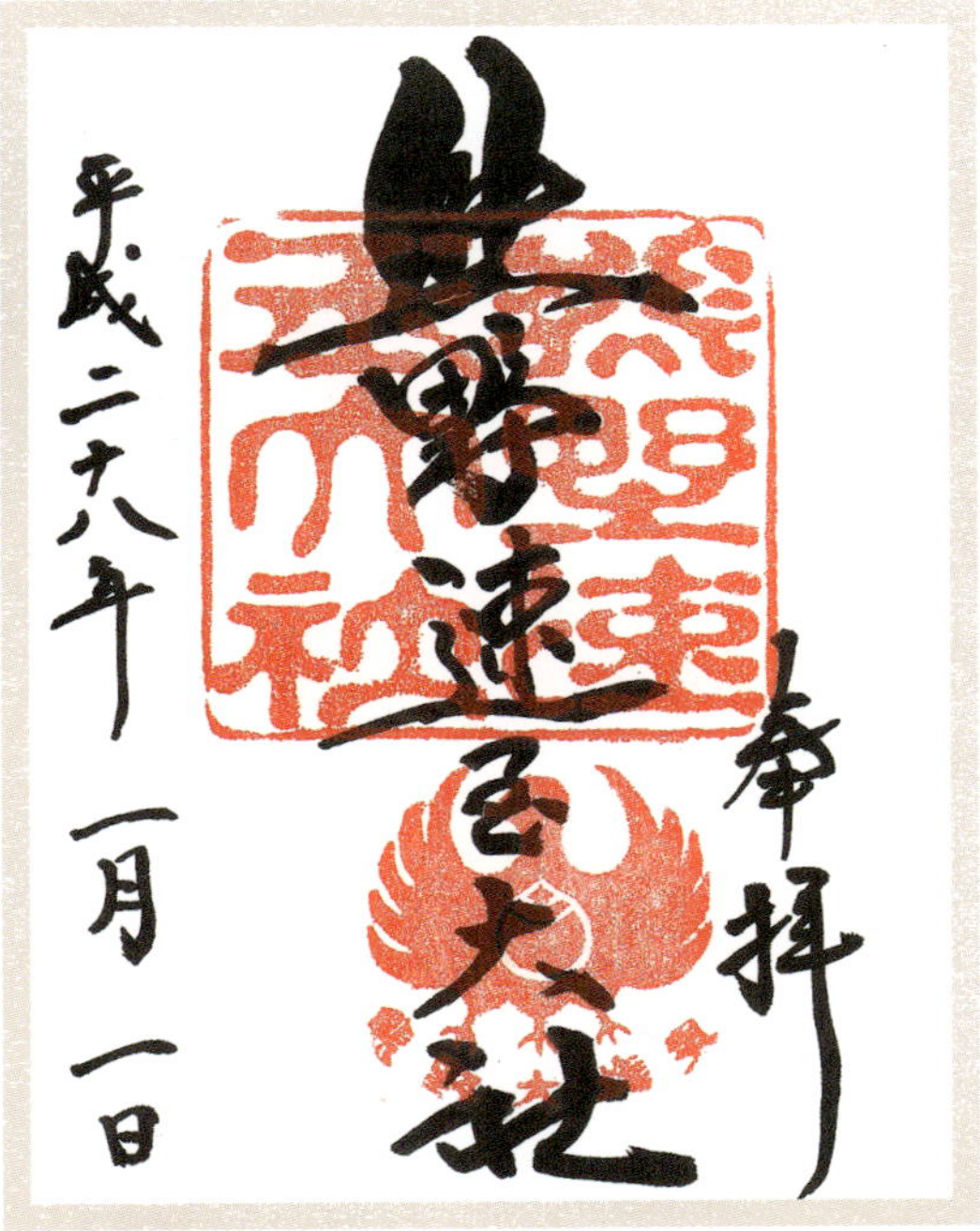

授与時間　8:00～18:00※季節により変動

神社名の下に押されている、八咫烏の印が人気です。摂社である「神倉神社」の御朱印も、こちらでいただけます。

参拝したら
ぜひ参加
したい

江戸時代、熊野比丘尼《くまのびくに》が持ち歩いて熊野のご利益を説いた「観心十界曼荼羅」。誰でも参加できます（約30分、500円）。

Data

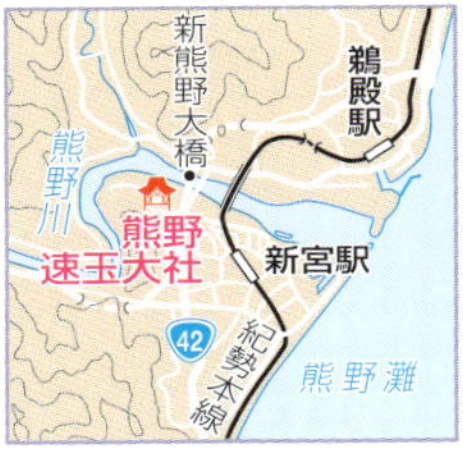

和歌山県新宮市新宮１番地
JRきのくに線または紀勢本線「新宮駅」下車より徒歩約17分、タクシー５分　神宝館9:00～16:00　神宝館大人500円、高校生以下無料

所蔵する国宝のひとつ「彩絵檜《さいえひ》扇」。檜の薄板に花鳥風月をあしらい、金銀箔をちらした扇で神霊が宿るそう。

熊野の神の使者とされる八咫烏を祀る八咫烏神社。

熊野大神が最初に降臨した聖地が神倉山のゴトビキ岩。

江戸最大の八幡さま

富岡八幡宮 | 東京 |

とみおかはちまんぐう

御祭神　◯応神天皇（誉田別命）　外８柱

江戸の心を今に伝える 深川八幡祭で知られる神社

「深川の八幡さま」で親しまれている富岡八幡宮は、寛永４（１６２７）年に、現在の地にご神託により創建されました。約６万坪もの巨大な社有地を有した、江戸最大の八幡様です。庶民の信仰は昔と変わらず、30万人が訪れる深川八幡祭（例祭日）は、江戸三大祭りのひとつで、毎年多くの人々が集います。応神《おうじん》天皇のほか８柱の神様を祀っており、家内安全を含む様々なご神徳を受けることができます。

（上）江戸勧進相撲発祥の地としても有名。（右上）純金を24キロも贅沢使用している黄金大神輿は、鳳凰や狛犬の目などにダイヤを使用した絢爛豪華なもの。

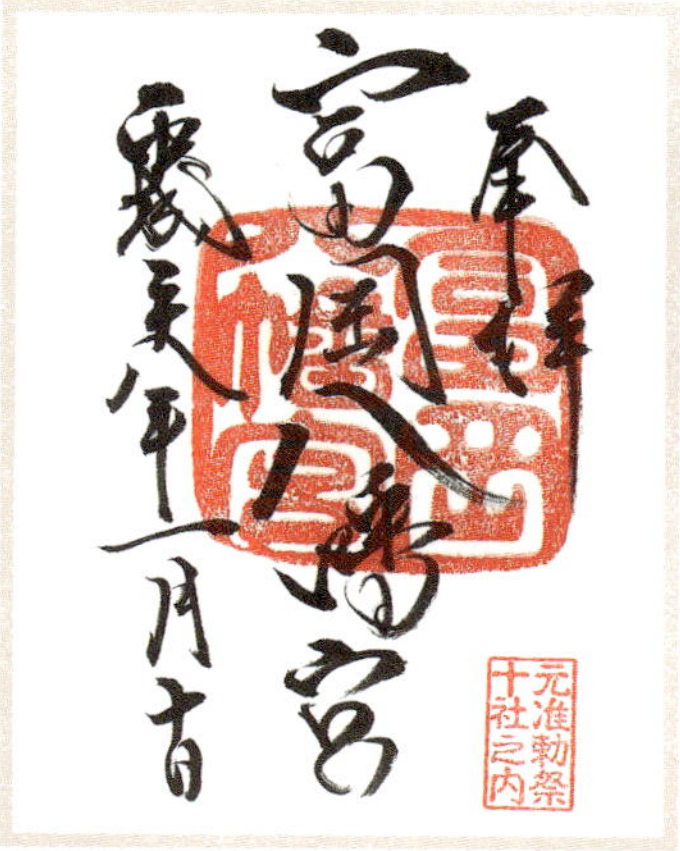

授与時間 9:00～17:00

御朱印は社殿向かって右の祈祷受付所でいただけます。

御朱印帳

深川八幡祭で練り歩く神輿と、社殿を描いた御朱印帳。神輿の担ぎ手に清めの水を浴びせる様子も描いています。

お祭りの躍動感が伝わってきそう

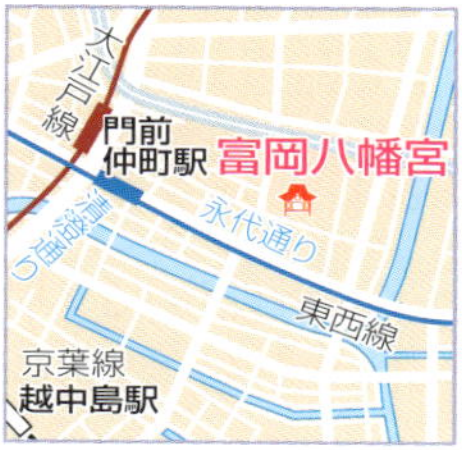

Data

東京都江東区富岡 1-20-3　東西線「門前仲町」駅下車、徒歩３分／大江戸線「門前仲町」駅下車、徒歩６分／JR京葉線「越中島駅」駅下車、徒歩15分　境内自由

蒼い海を臨み、崖の上に鎮座する神社
波上宮《なみのうえぐう》　｜沖縄｜

昔、ある里主が浜で「ものをいう霊石」を拾い、これに祈ると豊漁だったため大切にしていました。「この地に社を建て、国家を鎮護せよ」という神託を賜り、王府につげて社殿を建てて篤く祀ったのが創始と伝わります。沖縄らしい狛犬のシーサーなど見どころも多くあります。

御朱印帳

沖縄の伝統的な染め物・紅型の文様を表装にした工芸品のような御朱印帳。

Data　御祭神 伊弉冉尊　速玉男命　事解男命　沖縄県那覇市若狭1-25-11　沖縄空港よりモノレールで「旭橋駅」下車、徒歩約15分　境内自由　9:00～17:00

美しい四季を山下に臨む清々しい神社
赤城神社《あかぎじんじゃ》　｜群馬｜

御朱印帳

赤城姫の伝説にちなんだ絵巻物のような御朱印帳。赤城姫は女性の願いごとを叶えてくれるとか。

神が住む山として古くから信仰される赤城山の山頂に鎮座し、主祭神に赤城山と湖の神様「赤城大明神」を祀っています。

Data　御祭神 赤城大明神　大國主命　磐筒男命　磐筒女命　他　群馬県前橋市富士見町赤城山4-2　JR「前橋駅」より関越交通バスにて、富士見温泉経由。土日祝日、直通バス運行あり　境内自由　4月～11月9:00～17:00、12月～3月9：00～16:00

家に関するご利益が高い龍の神
岩水寺《がんすいじ》　｜静岡｜

御朱印帳

御朱印帳は国指定の重要文化財になっている子安地蔵尊を描いています。

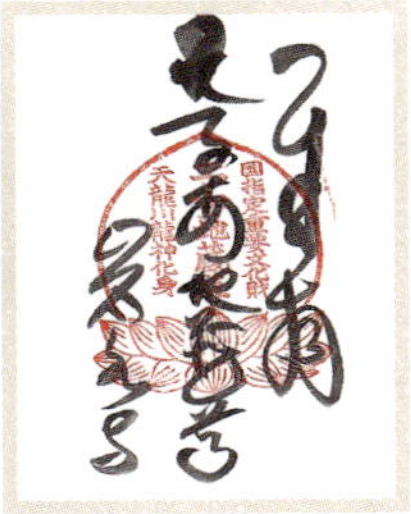

家内安全や安産など家に関する御利益があり「家を護るは岩水寺」と呼ばれるほど。御本尊は天竜川の龍神の化身ともいわれる珍しい女性の仏様です。

Data　御本尊 薬師如来（総本尊）　厄除子安地蔵尊　静岡県浜松市浜北区根堅2238　天竜浜名湖鉄道「岩水寺駅」下車、徒歩10分　9:00～16:30　8:30～16:30

行事ごとのカラフルな御朱印が楽しい

烏森神社《からすもりじんじゃ》 | 東京 |

御祭神 ○倉稲魂命 ○天細女命 ○瓊々杵尊

（上）モダンなコンクリートの社殿。（左）御朱印を授与いただくと、お守りとご神前にお供えした酒粕を練り込んだ「幸飴」がもらえます。

四季で変わる御朱印

季節によって変わる御朱印たち。春夏秋冬それぞれに参拝して、見比べてみてください。

新橋の繁栄と守護の神様

通勤客が多く行き交うことで知られる東京・新橋。その駅から歩いて数分のところに鎮座する烏森神社。平将門が乱を起こした天慶3年（940）、将軍・藤原秀郷《ひでさと》がこれを平定するため、ある稲荷に戦勝を祈願したところ、白狐がきて白羽の矢を与えました。その矢によって速やかに乱を鎮めることができたことに感謝し、秀郷はお礼に一社を勧請しようと考えます。すると、夢にまた白狐が現れて、神烏が集まる所に神社を建てるように伝えました。その言葉に従い、烏が群がっていた現在の地に造営されました。

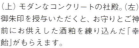

授与時間　**9:00～18:00**

例大祭の御朱印（左）や、ひな祭りの御朱印（右）は人気が高く、授与所には行列ができるほど。黒い墨書きと朱印で構成される御朱印のなかでも、カラフルで珍しいです。

御朱印帳

神社の神紋にもなっているカラスを描いています。

Data

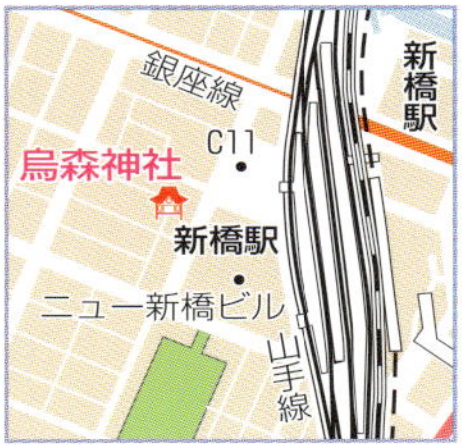

東京都港区新橋2-15-5　JR「新橋駅」下車、徒歩２分／地下鉄「新橋駅」下車、徒歩３分
境内自由

神社公認のキャラクター、「こい吉」。烏森神社と同じ年に生まれ、1000歳を越えているのだとか。

3

1

4

2

1.通常の御朱印／2. 6月末に行われる夏越の祓の限定御朱印／3.七夕まつりの限定御朱印／4. 2月3日の節分祭で授与される限定御朱印

蛇窪の白蛇様にあらゆる願いを託す

上神明天祖神社《かみしんめいてんそじんじゃ》 | 東京 |

御祭神 ◯天照大御神 ◯天児屋根命 ◯応神天皇

日によって御朱印が変わります

通常の御朱印

↓

巳の日

↓

己巳の日

4月

9月

1月

授与時間 9:00～17:00

4月、9月、1月と御朱印のスタンプの色が変わる。このほかにも、巳の日の押し印が入る日も。次の巳の日はいつか、神社の公式Twitterで情報を発信しているのでチェックを。

御朱印帳

平成28年から頒布を始めた、白蛇様のお姿をデザインした人気の御朱印帳。雨竜と7つ蛇の目の印もインパクトがあります。

Data

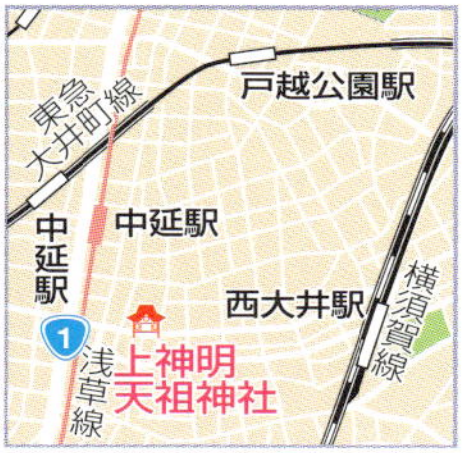

東京都品川区二葉4-4-12
都営浅草線「中延駅」下車、徒歩5分／東急大井町線「中延駅」下車、徒歩6分／JR横須賀線「西大井駅」下車、徒歩8分
境内自由

災いを除き、福を招く東京の白蛇さま

元亨2（1322）年、大干ばつにより飢饉が必至と思われていたとき、龍神社に雨乞いの断食祈願をしました。すると大雨が降り危機を逃れたのです。これに感激した人々は蛇窪（現在の品川区二葉四丁目付近）に神社を勧請し祀りました。これが現在の天祖神社の縁起といわれています。

美しい和紙に書かれた限定朱印を用意

勝林寺《しょうりんじ》｜京都｜

御本尊　◯毘沙門天

財運や勝負運、厄除けに御利益がある毘沙門天

勝林寺は臨済宗大本山東福寺の塔頭寺院のひとつで、天文19（1550）年に勝林庵として創建されました。東福寺の鬼門（北方）に位置し、仏法と北方を守護することから「東福寺の毘沙門天」と呼ばれています。珍しい毘沙門天曼荼羅や、虎の大襖絵など数々の絵画・仏像を所有しており、本尊の秘仏・毘沙門天立像は正月・春・秋に公開されます。

通常の御朱印

授与時間　手書きの御朱印は日によって異なる
公式Twitterで確認を

限定の御朱印

運がよければ金色の百足が入った御朱印をいただけることも。

御朱印帳

御朱印帳は珍しいアルファベット表記で、ポップなデザイン。

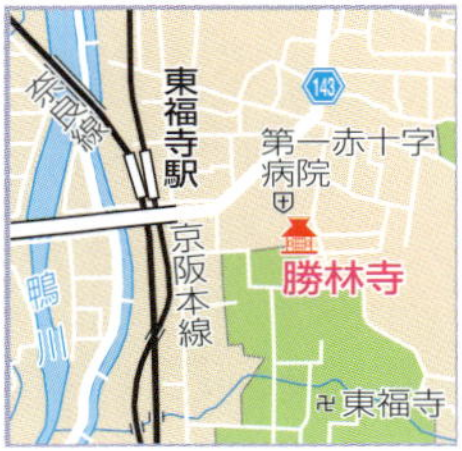

Data

京都府京都市東山区本町15-795
京阪「東福寺駅」下車、徒歩８分
9:00～17:00　新春・秋の特別拝観 大人600円、中高生300円、小学生以下無料

「日本書紀」にも記された三女神を祀る

宗像大社《むなかたたいしゃ》 ｜福岡｜

御祭神　◯田心姫神　◯湍津姫神　◯市杵島姫神

見開きの御朱印

御朱印は一ページのものが多いのですが、中には見開きで書いていただけるものも。筆文字のダイナミックさが生きる見開きの御朱印をご紹介しましょう。

田心姫神は沖津宮、湍津姫神は中津宮、市杵島姫神は辺津宮に祀られています。

かたどった繊細な
デザインの結い守

それぞれの使命を抱え三か所に祀られる三姉妹

天照大神から生まれた宗像三女神は、北部九州から朝鮮半島へと続く海の道「海北道中」にそれぞれ鎮座しました。長女神の田心姫神《たごりひめのかみ》は沖ノ島（沖津宮《おきつのみや》）、次女神の湍津姫神《たぎつひめのかみ》は大島（中津宮）、三女神の市杵島姫神《いちきしまのかみ》は宗像本土の田島（辺津宮）へ。この三宮を総称して「宗像大社」といいます。三女神は道を司る最高神として海路の安全を祈願し、現在では交通安全の神様として知られています。

見開きの御朱印は辺津宮でいただけ、天照大神より御祭神に下された「神勅」が併記されます。宗像大社の御朱印帳を授与いただいた人だけが書いていただけます。

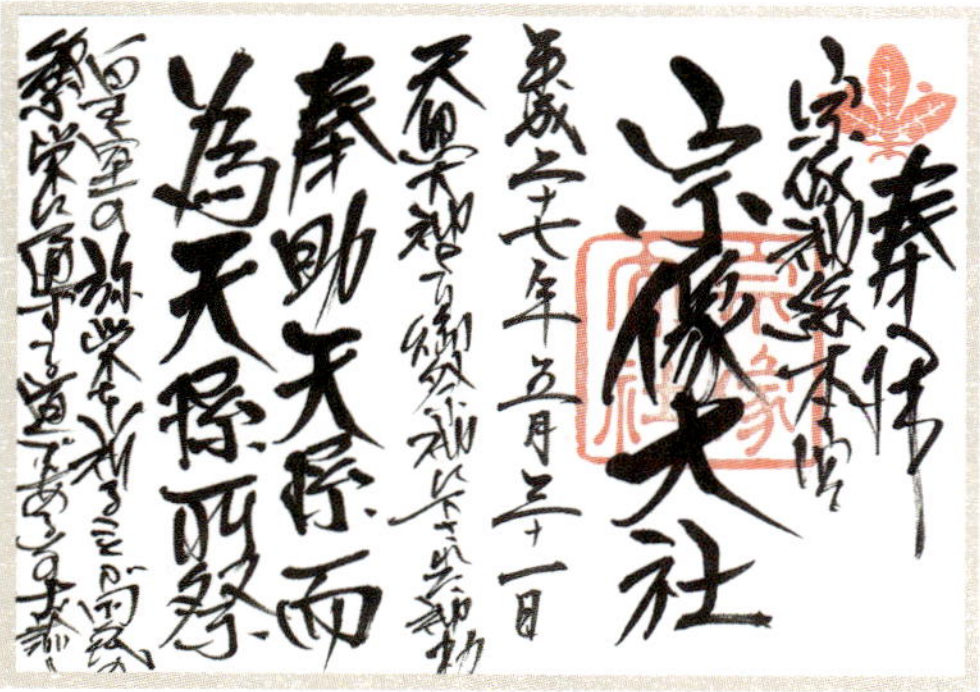

御朱印帳は白と青の２色

御朱印帳

神宝館では歴史的価値の高い国宝８万点を収蔵展示しています。今でも輝き続ける５世紀頃の純金製の指輪（沖ノ島出土）や沖ノ島から出土された金銅製龍頭など、その輝きは現在も色あせません。

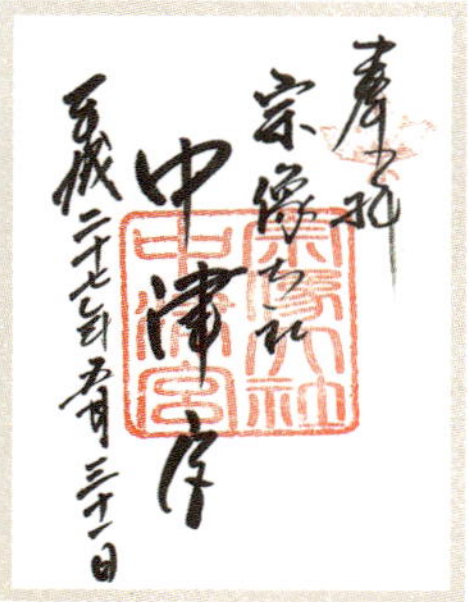
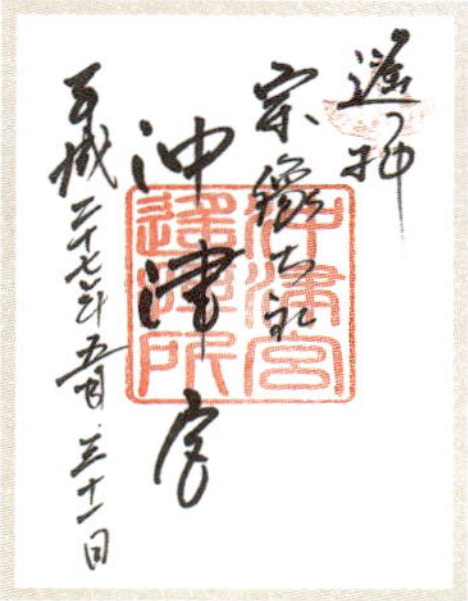

授与時間　**8:00～18:30**

中津宮の御朱印（写真左）。中津宮の授与所で沖津宮の御朱印（写真右）も授与しています。

Data

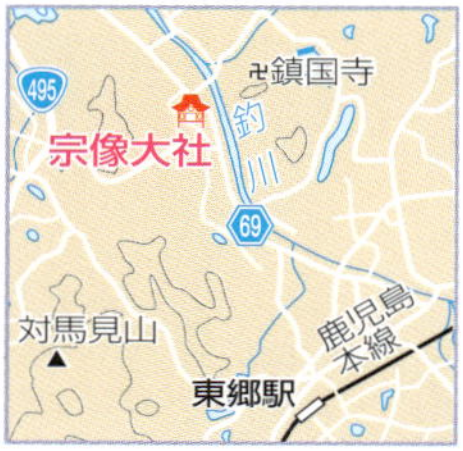

福岡県宗像市田島2331（辺津宮）　辺津宮・JR鹿児島本線『東郷駅』北口下車、神湊波止場行きバス（宗像大社経由）で「宗像大社前」下車　神宝館 9：00～16：30（最終入館16時）
¥神宝館　500円

沖ノ島は女人禁制で、石ひとつ持ち出せない掟が生きる御神体島。辺津宮より神職が10日交代で奉仕しています。

宗像三女神の降臨地と伝わる古代祭場の高宮祭場。

中津宮がある大島には沖津宮の遥拝所があります。

宮本武蔵が決闘した当時の下り松を祀る

八大神社 | 京都 |

御祭神　◯素戔嗚命　◯稲田姫命　◯八王子命

授与時間　9:00～17:00

(右) 祭礼の印が華やかな見開きの御朱印。
(左) 境内に建つ宮本武蔵のブロンズ像の御朱印の２種。

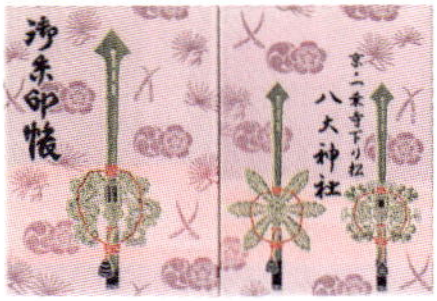

御朱印帳

御朱印帳の色は２色。5月の大祭で行われる「剣鉾差し」の三基が描かれています。

宮本武蔵と吉岡一門の決闘のゆかりの地

八大神社は永仁2（1294）年に創建。約700年の歴史をもち、古来より「北天王（北の祇園）」と称される、皇居守護神十二社中のひとつです。三柱の御祭神は方除・厄除・縁むすび・学業の神様として厚く信仰されています。また、境内の本殿西には、宮本武蔵が吉岡一門と決闘した当時の下り松の古木が御神木として祀られています。

八大神社は、都の東北隅「表鬼門」に位置しており、方除の神としても信仰が篤いです。

Data

京都府京都市左京区一乗寺松原町1番地　阪急電車・京阪電車・叡山電鉄・叡山電鉄「一乗寺駅」下車、徒歩10分
境内自由

都会に静かにたたずむ東照宮

名古屋東照宮《なごやとうしょうぐう》 ｜愛知｜

御祭神　◯徳川家康公（東照大権現）　◯大国主命（大黒様）　◯事代主命（恵比寿様）

授与時間　9:00～17:00

見開きでいただける御朱印は、右側に東照宮と左に末社の福神社の印で構成されます。

全国でここだけ！

徳川家康公が生前好んだとされる一富士、二鷹、三茄子の縁起のよい土鈴。日本全国、ここでしか手に入らない郷土玩具です。

名古屋城近くに祀られた名古屋の東照大権現

元和5（1619）年、尾張藩初代藩主・徳川義直《よしなお》が、名古屋城・三の丸に社殿を建立し、父・徳川家康の神霊を祀ったのが始まりです。明治9（1876）年、現在の場所に遷座。建物は、権現造の本殿、渡殿、楼門など、極彩色の国宝の諸建造物がならんでいましたが、戦災にて消失。現在の本殿は、慶安4（1651）年に万松寺に建てられた徳川義直の正室・高原院（春姫）の霊廟を移築したものです。

Data

愛知県名古屋市中区丸の内2-3-37　地下鉄桜通り線「丸の内駅」下車、徒歩5分／地下鉄鶴舞線「丸の内駅」下車、徒歩3分　境内自由

長谷川等伯の仏涅槃図、光悦の作庭は必見

叡昌寺《えいしょうざん》 本法寺《ほんぽうじ》 | 京都 |

御本尊 ◯三宝尊

日蓮宗の御朱印「御首題」

字の先端がひげのように伸びていることから「ひげ文字」と呼ばれる日蓮宗の御首題。日蓮聖人が創意した筆法で「南無妙法蓮華経」とお題目を書いていただけます。

御朱印帳

御朱印帳は臙脂、濃紺、深緑の３色。

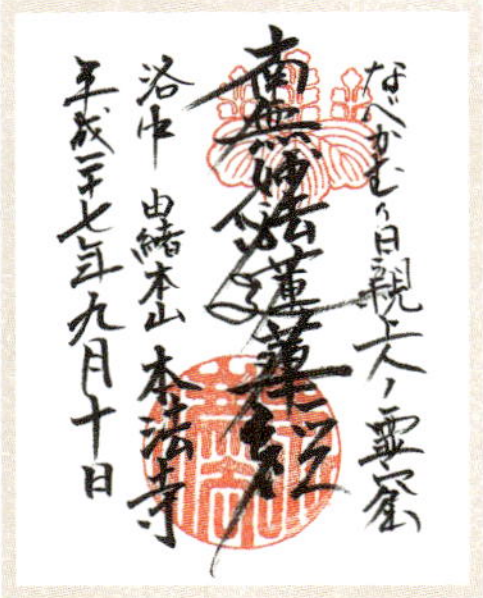

（下）本堂をはじめ多くが京都府指定有形文化財に指定。
（上）本阿弥光悦作の国指定名勝「巴の庭」。枯山水の影響を残しつつも桃山時代風の豪放な名庭です。

授与時間 10:00～16:00

独特の書体で記帳される御首題。寺院によっては御首題帳にのみ拝受でき、御朱印帳や他の宗派の御朱印がある場合は「妙法」と書かれることも。

本阿弥光悦ゆかりの寺

永享8（1436）年、日親上人の開創で、京都東洞院綾小路に建立。天正15（1587）年に、当時の都市区画整理により現在地に移転。時の第10世日通上人は、寺領千石の寄進を受け、江戸時代を代表する芸術家・本阿弥光悦とその父・光二は私財を投じ、伽藍の整備に力を尽くしました。なお、長谷川等伯筆「仏涅槃図」は通常複製を展示していますが、毎年3月14日～4月15日の期間に真筆を拝観できます。

Data

京都府京都市上京区小川通寺之内上ル本法寺前町617番地
JR「京都駅」より市バス
10:00～16:00　500円

日蓮宗の総本山

身延山 久遠寺 ｜山梨｜

みのぶさん　くおんじ

日蓮聖人は文永11（1274）年、法華経の信者であった地頭の南部《なんぶ》実長《さねなが》の招きにより身延山に入山。9年間、法華経の読誦と門弟たちを教導しました。1281年には旧庵を廃して本格的な堂宇を建築し、「身延山妙法華院久遠寺」と命名しました。

御朱印帳

寺内にある樹齢400年のしだれ桜を描いた御朱印帳。色違いで緑やピンク、赤があります。

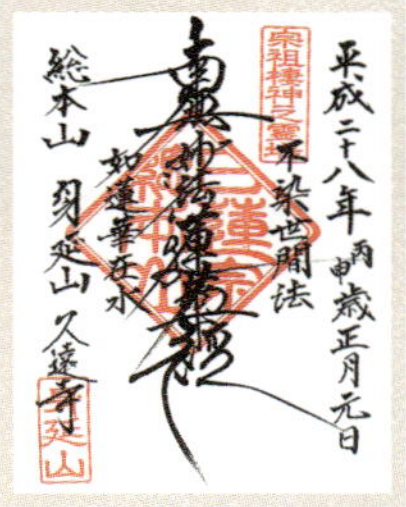

Data　御本尊 三宝尊　山梨県南巨摩郡身延町身延3567　新宿よりJR中央本線特急で「甲府駅」下車→JR身延線特急「身延駅」下車　他　4月～9月5:00～17:00、3月～10月5：30～17:00

日蓮宗を開いた日蓮聖人、入滅の霊跡

長栄山 池上本門寺 ｜東京｜

ちょうえいざん　いけがみほんもんじ

日蓮聖人がご入滅の霊跡です。

日蓮聖人の命日に行われる御会式では万灯練供養と呼ばれる万灯行列が池上の街を練り歩きます。

Data　御本尊 三宝尊　東京都大田区池上1-1-1　東急池上線「池上駅」下車、徒歩10分　境内自由（車の駐車時間は10:00～16:00）　10:00～16:00

日蓮聖人生家跡に建立された寺

大本山 小湊 誕生寺 ｜千葉｜

だいほんざん　こみなと　たんじょうじ

御朱印帳

境内に建つ日蓮聖人の幼少時の像と、縁起物「願満の鯛」が描かれた御朱印帳。

小湊の片海に生まれた日蓮聖人の生家跡に直弟子・日家上人が寺院を建立、その後地震のため現在の地に移転しました。

Data　御本尊 本門教主釈尊　千葉県鴨川市小湊183　JR外房線「安房小湊駅」よりバス「誕生寺入口」下車、徒歩5分　5:30～16:00　9:00～15:00　宝物館400円

精神、教えがこめられた御朱印

御朱印の中にはその寺社が伝えたいこと、精神を記したものがあります。知っておきたい教えを読み解いてみましょう。

白鳳時代の荘厳で美しい建築物

薬師寺《やくしじ》 | 奈良 |

御本尊 ◯薬師三尊像

御朱印帳

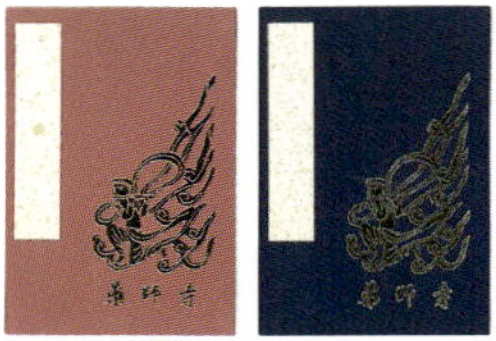

笛を奏でる奏楽天人が描かれた御朱印帳は臙脂色と紺の２色。

授与時間 8:30～17:30

旅をする玄奘の姿と「インドで経典を手に入れなければ東にある唐へ戻らない」という不屈の精神が込められています。こちらの御朱印は玄奘三蔵院伽藍の公開時限定です。

（下）白鳳様式で建てられた壮麗なお堂でしたが1528年に兵火で焼失、1976年に復興されました。（上）国宝・東塔は白鳳時代の面影を伝えます（平成31年迄解体修理中）。

皇后の病気平癒のため建てられた寺院

法相宗の大本山。天武９（６８０）年、天武天皇が皇后でのちの持統《じとう》天皇の病気治癒のため発願され、創建されました。当初は藤原京にありましたが７１０年の平城遷都に伴い現在地に移転します。１００年近い歳月をかけて造営された建造物は平成10年、ユネスコ世界遺産に登録されました。

Data

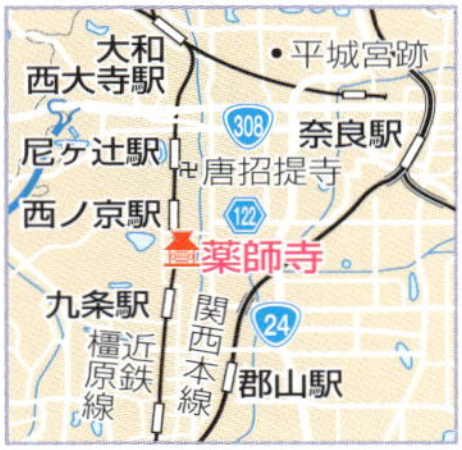

奈良県奈良市西ノ京町457
近鉄「西ノ京駅」下車、徒歩1分　8:30（開門）～17:00（閉門）　※但し入山申込受付は16:30まで　大人1,100円（玄奘三蔵院伽藍の公開時）

16200坪の豊かな自然に囲まれた神社

新潟縣護國神社《にいがたけんごこくじんじゃ》 ｜新潟｜

明治元年、新潟市常盤岡（現・新潟市中央区旭町一番町）に戊辰の役殉難者415柱を奉祀する招魂社が創立。昭和17年、県内各地より25万余人の勤労奉仕を得て、昭和20年に現在の地に新潟縣護國神社が創建されました。松林の緑に囲まれた境内は日本海も近く、散策にも最適です。

御朱印帳

「七生報国」とは、七度生まれ変わっても国のために尽くすという意味。パステルカラーの社紋入りの御朱印帳のほか、社殿を描いた御朱印帳も。

Data　御祭神 新潟県関係殉國の英霊　新潟県新潟市中央区西船見町5932-300　JR「新潟駅」から万代口バスターミナル11番乗り場より乗車、「岡本小路」下車、徒歩３分　境内自由　9:00～17:00

禅寺で美しい庭園をみながら座禅体験

両足院《りょうそくいん》 ｜京都｜

御朱印帳

御朱印帳は通年の拝観で授与できるが、御朱印は特別拝観時か座禅体験時のみ。

京都最古の禅寺。不定期開催の座禅体験や朝粥体験が人気です。季節によってテーマを変え、庭園や文化財を公開する特別拝観に多くの人が訪れています。

Data　御本尊 阿弥陀如来　京都府京都市東山区大和大路通四条下る４丁目小松町591　阪急電鉄「河原町」下車、徒歩10分／京阪「祇園四条」下車、徒歩７分　特別拝観時のみ公開、拝観についてはHPを参照　特別拝観　大人600円 小中学生300円

不動明王の眼力で厄除け、がん封じ

狸谷山不動院《たぬきだにさんふどういん》 ｜京都｜

御朱印帳

水難や火難など日常に潜む７つの大敵を滅ぼして福を呼ぶ「七難即滅」と書かれた御朱印。

「タヌキダニのお不動さん」で親しまれ、ご本尊は不動明王で交通安全・厄よけ・ガン封じ祈願で有名です。宮本武蔵が滝に打たれた「修行の滝」があります。

Data　御本尊 不動明王　京都府京都市左京区一乗寺松原町6　JR京都駅・地下鉄四条烏丸駅・阪急電車烏丸駅から市バス「一乗寺下り松町」下車　他　9:00～16:00　入山料　500円

イラストが入った御朱印

文字だけでなくイラストが入ると御朱印に華やかさが添えられます。花や動物などが多く、自然とともに在るという寺社の心がみえるようです。

「白い氣守」が人気の秩父三社のひとつ

三峯神社 | 埼玉 |

みつみねじんじゃ

御祭神　○伊弉諾尊　○伊弉册尊

授与時間 7:00～17:00

（右）御朱印帳に墨書きされる御朱印。（中央）半紙で授与される菖蒲のイラストの御朱印。（左）神使の狼が描かれた御朱印。

御朱印帳

毎月１日にのみ授与される「白い氣守」は、買い求める参拝者が殺到する人気のお守り。緑に囲まれた社殿は、清々しい空気で満ち満ちています。

神のお使いとして狼を祀る珍しい神社

三峯神社は日本武尊《やまとたけるのみこと》がこの地を通ったとき、三峯の山々の美しい風景に感動し、国生みの神、伊弉諾尊《いざなぎのみこと》・伊弉册尊《いざなみのみこと》を偲んで創祀されました。古木に囲まれた境内は神聖な氣にあふれ、多くの参拝者が手を合わせにやってきます。また、社殿に併設された宿坊「興雲閣」には温泉もあり、宿泊者はもちろん日帰り入浴もでき、人気を集めています。

Data

埼玉県秩父市三峰298-1　西武鉄道・特急レッドアローで「西武秩父駅」下車より西武バス「三峯神社」下車　境内自由

江戸時代、人形浄瑠璃文楽発祥の地

難波神社《なんばじんじゃ》 | 大阪 |

反正《はんぜい》天皇が父帝の仁徳《にんとく》天皇を偲び、御祭神として創建されました。現在の人形浄瑠璃文楽座の名称のもととなった「稲荷社文楽座跡」の碑が境内東門外にあり、当時にぎやかだった人形浄瑠璃小屋が偲ばれます。歴史をみつめてきた境内にある大きな楠は樹齢400年以上で、大阪市指定保存樹第一号です。

御朱印帳

花菖蒲が神紋の難波神社では、6月8日に菖蒲神事が行われます。社殿が描かれた御朱印帳もあやめ色。

Data　御祭神 仁徳天皇　稲荷大神　素盞鳴尊　大阪府大阪市中央区博労町4-1-3　地下鉄「心斎橋駅」下車、徒歩5分／地下鉄「本町駅」下車、徒歩5分　境内自由　9:00～17:30

日本最古のコスモスの名所

般若寺《はんにゃじ》 | 奈良 |

飛鳥時代に創建され、天平7（735）年、聖武天皇が平城京の鬼門鎮護のため「大般若経」を地中に納めたことから、般若寺と称するようになりました。般若とは仏様の知恵のことをいいます。以来、般若経の学問寺として栄え、現在では花の名所として美しいコスモス、水仙、山吹などを楽しめます。

別名でコスモス寺とも呼ばれ、親しまれる般若寺。平成27年から始められた、騎獅のイラスト入りの見開き御朱印はインパクト大です。

Data　御本尊 八字文殊菩薩騎獅像（文殊菩薩）　奈良県奈良市般若寺町221　JR・近鉄奈良駅からバス15分「般若寺」下車、徒歩2分　9:00～17:00　大人500円 中高生200円　小学生100円

夫婦岩から日の出を拝する

二見興玉神社 ｜三重｜

ふたみおきたまじんじゃ

御祭神 ◯猿田彦大神 ◯宇迦御魂大神 ◯綿津見大神

（右）参道で猿田彦大神のお使いの二見蛙の像が目を楽しませてくれます。（左）岩がよりそう様子から夫婦岩と呼ばれます。

限定の御朱印

特定のその時期にしか頂けない貴重な御朱印があります。ぜひタイミングを合わせて参拝にでかけてみては？

海上の夫婦岩は日の出を拝する鳥居

古くから伊勢参りの前には、まず二見浦で潮を浴びて身心を清めるのが慣わしとされてきました。現在でも伊勢参りに行く前に立ち寄る人が多くいます。ご祭神である猿《さる》田《た》彦大神《ひこのおおかみ》は、善道の神として開運招福、家内安全、縁結び、交通安全のご利益があります。また、魂を導き蘇らせるご神威により蘇りの神、別名「興玉の神」ともいわれ、土地の邪悪を祓い清め災厄を除く福寿の神として信仰されています。

人気の恋みくじ

社名が墨書きされた通常の御朱印。

授与時間　日の出〜日の入り頃

毎年夏至に行われる「夏至祭」の日だけ授与いただける御朱印。日の出とともに多くの人が禊に参加し、夫婦岩の間に昇る朝日を拝みます。

御朱印帳

夏至の日に夫婦岩の真ん中から朝日が昇る様子を描いた御朱印帳。平成27年から授与を始めた同じ柄の青い御朱印帳袋（赤・青）も人気。

Data

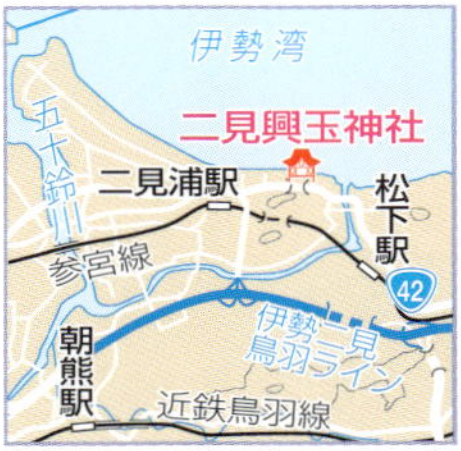

三重県伊勢市二見町江575
JR参宮線「二見浦駅」下車、徒歩15分　境内自由

夏至の頃に夫婦岩の間から昇る太陽、「日の大神」。

手水舎には「満願蛙《まんがんかえる》」がおり、水をかけると願いが叶うそう。

夫婦岩の大注連縄《おおしめなわ》は年に3回張り替えられます。

春には梅の匂いでいっぱいに

北野天満宮《きたのてんまんぐう》 ｜京都｜

御祭神　◯菅原道真公

色とりどりの
「星まもり」は
人気のお守り

菅原道真公ゆかりの梅約1500本が咲く境内。星欠けの三光門伝説とは、三光(日・月・星)なのに星の彫刻はないことから。帝が当宮を祈るときは門の真上に本物の北極星が瞬いていました。

学問の神様を祀る 天神信仰の中心地

天暦元(947)年に創建され、「北野の天神さん」と親しまれている全国天満宮の総本社、北野天満宮。平安時代に学者・政治家として活躍した菅原道真公を祀っています。全国各地に道真公を祀った神社が約1万2000社あり、その多くはここから御霊分けをした神社です。学問の神様としての信仰は篤く、多くの学生が参拝しています。古くから北野は「天のエネルギーが満ちる聖地」として信仰されていましたが、道真公が祀られるようになると、いつしか北野天満宮は天神信仰発祥の地と讃えられるようになりました。

撫で牛を
撫でれば頭がよく
なるかも？

1

2

3

4

5

6

授与時間　9:00～17:00

1. 通常の御朱印／2. 楼門に掲げられ扁額の文字の御朱印／3. 自国の歴史と文化に誇りをもち、他国の文化も受け入れるという道真公の精神を込めた御朱印／4. 御祭神の誠実な人柄と貫いた誠の心を表した御朱印／5. 正月限定の御朱印／6. 紅葉の時期限定の御朱印

御朱印帳

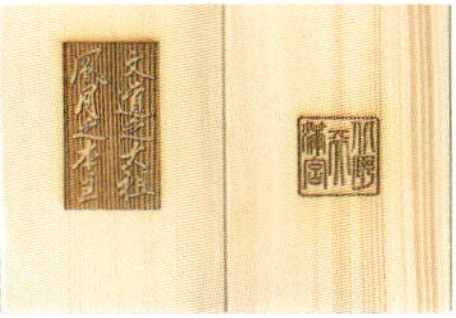

木製の珍しい御朱印帳と、梅の花をデザインした2色の御朱印帳。

キラキラしてかわいい！

Data

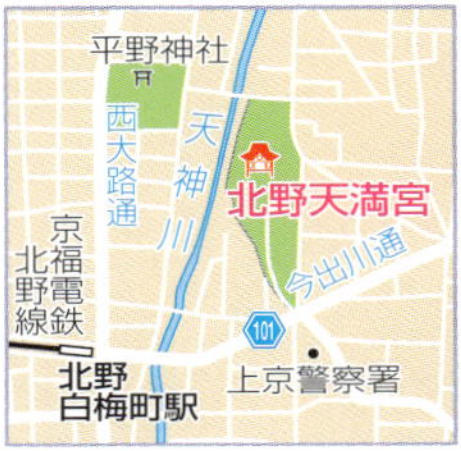

京都府京都市上京区馬喰町
JR京都駅より市バス50、101系統「北野天満宮前」下車すぐ
楼門の開閉時間　4月～9月 5:00～18:00、10月～3月 5:30～17:30、宝物殿　9:00～16:00
宝物殿　一般300円

境内の西の一帯は長らく自然林で、現在約250本の紅葉を有する名所「史跡御土居もみじ苑」となっています。11月～12月に公開。

巫女さんをイメージしたかわいい「巫女メモ」。

天神信仰を物語る貴重な歴史財産・御神宝が所蔵されている宝物殿。

約1200年前の貞観11(869)年、全国に流行した疫病を鎮めるため、下総国(千葉県)で素盞嗚尊《すさのおのみこと》が祀られ、災厄消除を祈ったことが創始と伝えられます。宇迦之御魂神《うかのみたまのかみ》、伊弉冉尊《いざなぎ》も祀られ、三柱で神祇三社検見川大明神と呼ばれています。

千葉県随一の八方除け総鎮護の古社

検見川神社《けみがわじんじゃ》 | 千葉 |

正五九(正月・5月・9月)参り限定版の御朱印(左)と通常の御朱印(上)。

Data 御祭神 素盞嗚尊　宇迦之御魂神　伊弉冉尊　千葉県千葉市花見川区検見川町1-1　JR総武本線「新検見川駅」下車6分／京成電鉄千葉線「検見川駅」下車、徒歩1分　参拝自由　8:30～17:00

京都繁華街の中心地にある開創750年の歴史ある浄土宗西山深草派の寺院で、弘法大師空海の創立といわれています。元治元(1864)年、「蛤御門の変」により全焼し、現在の本堂は昭和7(1932)年に建立されました。江戸時代に活躍した絵師・伊藤若冲及び伊藤家の菩提寺で、若冲は父母の墓石と、末弟・宗寂の墓石を建立しています。

天才絵師・伊藤若冲ゆかりの寺

宝蔵寺《ほうぞうじ》 | 京都 |

(画像)宮内庁所蔵

(上)平成28年、若冲の生誕300年を記念して作られた限定御朱印。所蔵する髑髏図を押印しています。(左)若冲といえば、「群鶏図」をはじめ大胆で写実的な作品が多く「奇想の画家」とうたわれています。

Data 御本尊 阿弥陀如来　京都府京都市中京区裏寺町通蛸薬師上ル裏寺町587番地　阪急電車「河原町駅」下車、徒歩約5分　現在本堂の拝観は停止。伊藤若冲親族の墓は参拝自由。　9:00～16:00

細川護熙氏による襖絵が奉納された寺
正伝永源院《しょうでんえいげんいん》 ｜京都｜

もともとは正伝院と永源庵の二つの寺でしたが、明治の神仏分離令後の廃仏毀釈後、正伝院は寺号を残して旧永源庵の現在地に移ります。1873年、永源庵が廃寺となりますが、永源の名が消える事を憂いて二つは合併し、寺号を正伝永源庵と改めました。織田信長の弟の織田有楽斎と細川家の墓があります。

御朱印帳

春と秋の特別拝観時にのみ授与いただける御朱印と御朱印帳。

Data 御本尊 釈迦如来 京都府京都市東山区大和大路通四条下る四丁目小松町584 京阪電車「祇園四条」駅下車、徒歩５分／各市バス「東山安井」下車、徒歩８分 特別拝観時のみ公開、拝観についてはHPを参照

花の時期に行きたい沙羅双樹の寺
東林院《とうりんいん》 ｜京都｜

享禄４(1531)年、細川氏綱が父･高国公の菩提を弔うため建立した三友院に始まり、東林院と寺号を改めました。本堂前庭には十数本の沙羅双樹からなる沙羅林があり、青苔と落花の風情が楽しめます。枯山水庭園では水琴窟の音色が響き、静寂な時間を過ごすことができます。

年３回のイベント時か料理教室、宿坊に宿泊した人が授与いただける貴重な御朱印。

Data 御本尊 釈迦如来 京都府京都市右京区花園妙心寺町59 市バス「妙心寺北門前」下車、徒歩10分／JR山陰線「花園駅」下車、徒歩８分 9:30～16:00　通常非公開　※特別拝観あり 拝観時間に準ずる

西国三十三所草創1300年
日本最古の巡礼所に行こう！

西国三十三所とは

およそ1300年の歴史をもつ、約1,000キロにも及ぶ日本最古の巡礼路。その由来は、養老2（718）年に長谷寺を開山した徳道上人が病にかかり、夢の中で閻魔大王から「世の人を救うために、三十三箇所の観音霊場を作って巡礼を人にすすめなさい」とお告げを受け、三十三の宝印と起請文を授かったことからはじまります。

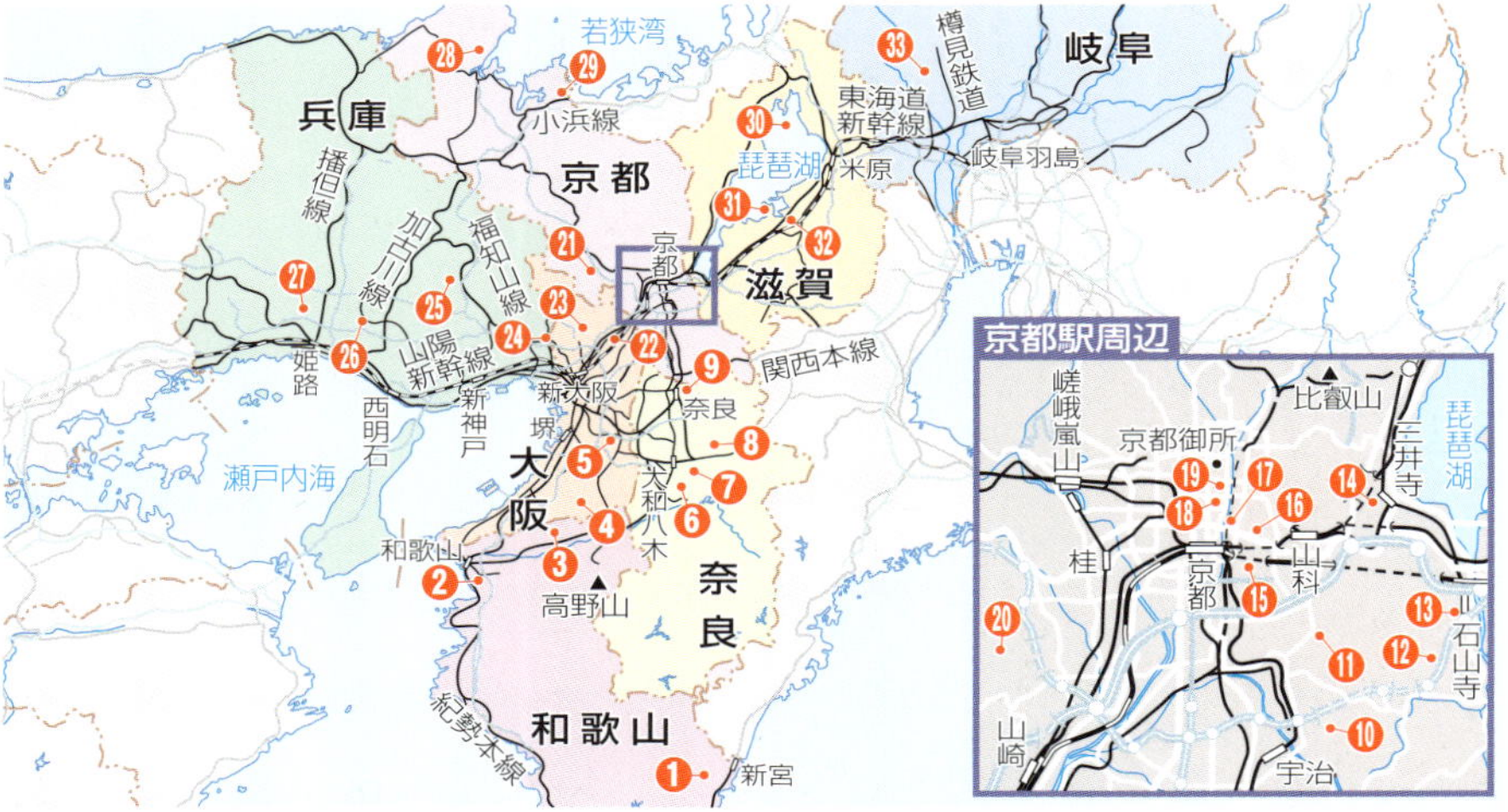

1. **青岸渡寺** 那智山経塚発見佛像〔3/26～5/5〕
2. **金剛宝寺** 本堂内陣特別拝観〔3/26～5/5※4/11～5/5は土・日・祝日のみ〕
3. **粉河寺** 粉河寺、薬師堂御本尊御開帳
（本来は1月8日の初薬師の日のみ）〔3/26～5/5〕
4. **施福寺** 御本尊十一面千手観音　日本唯一花山法皇の足守の馬頭観音
日本唯一方違い大観音　いずみの国のおお仏弥勒菩薩〔3/26～5/5〕
5. **葛井寺** 非公開の特別開帳〔9/17～9/22〕
6. **南法華寺** 三重の塔初層特別開帳〔8/26～10/10〕
7. **岡寺** 三重宝塔壁画 扉絵特別開帳〔8/26～10/10※土 日 祝日 お盆のみ〕
8. **長谷寺** 特別寺宝展〔8/26～10/10〕
9. **南円堂** 三重塔、五重塔の開帳〔8/26～10/10〕
10. **三室戸寺** 宝物館特別拝観 那智山経塚発見佛像〔4/1～4/30〕
11. **上醍醐 准胝堂** 国宝 虚空蔵菩薩像公開〔3月下旬～5月予定〕
12. **正法寺** 本堂内 礼拝〔3/1～〕
13. **石山寺** 秘仏 御本尊如意輪観世音菩薩御開扉〔3/18～12/4〕
14. **三井寺** 愛染明王像と毘沙門天像2体特別拝観〔3/26～4/30〕
15. **今熊野観音寺** 本尊御開帳と特別内陣参拝〔10/29～11/13〕
16. **清水寺** 三重の塔開扉〔11/1～11/5〕
17. **六波羅蜜寺** 特別内陣参拝〔11/5～11/13〕
18. **六角堂 頂法寺** 秘仏 御本尊如意輪観世音菩薩御開扉〔11/5～11/14〕
19. **革堂 行願寺** 特別内拝〔10/30～11/13〕
20. **善峯寺** 文殊寺宝館拝観〔6/1～6/30 ※土 日曜のみ〕
21. **穴太寺** 安寿姫 厨子王丸肌守御本尊特別拝観〔6/1～6/30〕
22. **総持寺** 宝物特別拝観〔6/1～6/30〕
23. **勝尾寺** 寺宝拝観〔6/1～6/30 ※土 日曜のみ〕
24. **中山寺** 宝物拝観〔6/1～6/30 ※土 日曜のみ〕
25. **播州清水寺** 内陣拝観〔5/1～5/31 ※5/8は除く〕
26. **一乗寺** 本堂内陣特別拝観〔5/3 4 5〕
27. **圓教寺** 重文建造物公開「新緑まつり」〔5/3 4 5〕
28. **成相寺** 内陣拝観、秘蔵仏公開〔4/30～5/5〕
29. **松尾寺** 宝物殿特別公開〔3/19～5/22 ※4/19、20を除く〕
〔9/22～11/23 ※9/24、25を除く〕
卯月八日舞儀音楽法要 仏舞奉納（5/8のみ）
30. **宝厳寺** 三重の塔開扉〔10/15～31〕
31. **長命寺** 本堂内陣特別拝観〔10/1～31〕
32. **観音正寺** 西国三十三所観音曼荼羅公開〔10/1～31〕
33. **華厳寺** 宝物拝観〔10/15～31〕

※天候の状況や法要等により拝観できない場合あり。
実施時間、拝観料、内拝料などについては要問合せ。

観音信仰発祥の花の寺

8 長谷寺《はせでら》 | 奈良 |

真言宗豊山派の総本山で、西国三十三所、第八番札所。西国三十三所巡礼は、一説に長谷寺を開いた徳道上人によって始められたと伝えられており、そのため根本霊場と呼ばれています。

御朱印帳

散華《さんげ》

授与時間

入山時間に準ずる

4～5月にかけて見頃を迎える牡丹も花の寺・長谷寺の名物のひとつ。春らしい若草色に艶やかな牡丹が素敵な１冊

Data 御本尊 十一面観世音菩薩 奈良県桜井市初瀬731-1 近鉄大阪線「長谷寺駅」下車、徒歩15分 3月・10月～11月9:00～17：00、12月～2月9:00～16:30 大人500円

安産祈願、本邦随一の霊場

24 中山寺《なかやまでら》 | 兵庫 |

西国三十三所、第二十四番札所。聖徳太子の創建による、わが国最初の観音霊場と伝えられています。かの豊臣秀吉は中山寺に祈願して秀頼を授かったとされ、安産の寺としても知られています。

御朱印帳

散華《さんげ》

授与時間

9:00～17:00

関西で梅林の名所としても有名な中山寺。山号にちなみ、紫の雲がかかる梅林をデザインしました。

Data 御本尊 十一面観世音菩薩 兵庫県宝塚市中山寺2-11-1 JR宝塚線「中山寺駅」下車徒歩約10分／阪急電鉄宝塚線「中山観音駅」下車徒歩約１分 無料

西国三十三所の代表的なお寺

季節の花々が美しい紫式部ゆかりの寺

13 石山寺《いしやまでら》 | 滋賀 |

西国三十三所、第十三番札所。奈良時代より観音の霊地とされ、平安時代寛弘元年（1004年）には、紫式部が新しい物語制作の祈念のために石山寺に七日間の参籠し、源氏物語を起筆しました。ご本尊の秘仏如意輪観音像は安産、厄除け、縁結び、福徳などにご利益があることで知られ広く信仰を集めています。

※秘仏のため一部掲載しています

御朱印帳

石山寺が所蔵する「紫式部図」を採用しており、源氏物語のファンからの人気が高いです。

授与時間 8:00～16:30

Data 御本尊 秘仏 如意輪観音像 滋賀県大津市石山寺1-1-1 JR京都駅よりJR東海道本線「石山駅」、京阪電車 石山坂本線に乗り換え、京阪「石山寺駅」下車、徒歩10分 8：00～16：30（入山は16：00まで） 入山料:600円 本堂内陣特別拝観 一般・中高生 500円、紫式部展 一般・中高生 300円

散華《さんげ》とは 散華は、お寺で法要を営むときに、供養として使われる花のことです。現在では木版などで印刷されたものが使用されています。西国三十三所では御朱印をいただくと、オリジナルの散華がいただけます。

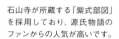

3つの特別巡礼

1 月参り巡礼

2016年4月を皮切りに、第1番札所から札所番号順で毎月1回指定される日時に、1札所を巡る「月参り巡礼」が行われます。このとき特別にいただける御朱印には、この1300年を象徴する印が押印されます。

2 徒歩巡礼 法灯リレー

この西国巡礼が始められた頃の白装束を来て、当時の巡礼を再現する「徒歩巡礼 法灯リレー」。伝統の法灯を持ち、徒歩で巡礼をします。一般参加も募集中で、公式HPより申込できるので、参加してみては？

3 スイーツ巡礼

各札所の名物菓子を、この西国三十三所草創1300年に合わせたパッケージで用意。新たに地元のお菓子やさんと作り上げたものもあります。お参りのあとのおみやげに、札所ごとに異なるスイーツを味わってみては？

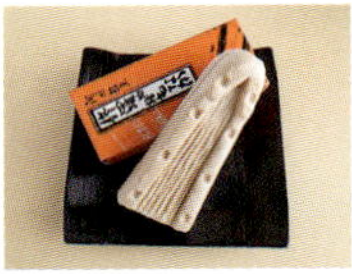

5 葛井寺

修羅物語もなか

大阪・藤井寺に三ツ塚古墳から出土した、大きな石を運搬していた車や船「修羅」。これを形どったもなかで、中の餡は甘さ控えめの大納言を使用しています。

販売場所：吉乃家

3 粉河寺

きのくにシュトーレン

ドイツの焼き菓子・シュトーレンをヒントに作られました。生地には地元・和歌山産の季節のドライフルーツやナッツを練り込み、日の経過とともに味が深まります。

販売場所：観光特産センターこかわ

14 三井寺

朝宮ほうじ茶ロールケーキ

1200年の歴史をもつ信楽・朝宮産のほうじ茶を使ったお茶の香り漂うロールケーキ。米粉で出来た生地は口に入れるともちもちふわふわ！ やさしい味のスイーツです。

販売場所：三井寺 本寿院 ながら茶房

7 岡寺

飛鳥クッキー（キトラ四神）

奈良・明日香村のキトラ古墳の壁面に描かれた四神のクッキー。材料に明日香村で栽培した古代緑米粉を配合し、サクサクとした食感が楽しめます。

販売場所：飛鳥の郷万葉人、県立万葉文化館

27 圓教寺

書写千年杉

圓教寺内にある千年杉をバームクーヘンに見立てたスイーツです。柚子餡と小倉クリームの通年のフレーバーのほか、季節ごとに抹茶や和栗の餡も販売しています。

販売場所：圓教寺境内

杵屋書写お菓子の里

4章

デザイン別
御朱印帳めぐり

寺社のオリジナルの御朱印帳を、
それぞれ絵柄でカテゴリ分けしました。
御祭神や御本尊を描いた荘厳なものから、
神使をかわいく描いたものまで、
多種多様な装丁に目を奪われます。
お気に入りの一冊を見つけてください。

御祭神・神話を描いた御朱印帳

古事記や日本書紀に登場する神様の逸話や御祭神ゆかりのモチーフを描いた御朱印帳をご紹介します。

緑豊かな自然の中、神話の世界が広がる

天岩戸神社《あまのいわとじんじゃ》 | 宮崎 |

御祭神　○大日孁尊　○天照大神

（上）「西本宮」の傍らにはご神木や古代銀杏が葉を茂らせます。
（左）西本宮とは岩戸川を挟んだ東側に佇む「東本宮」。（右）大勢の神々が集まったとされる「天安河原」。

日本神話でおなじみの天岩戸が御神体

太陽の神である天照大神《あまてらすおおかみ》が、弟の須佐之男命の乱暴ぶりに怒り、天岩戸（洞窟）に隠れたところ、世界は一切の光を失ってしまった――。日本神話の中でも、最も有名な物語の舞台となったとされるのが天岩戸神社。天安《あまのやす》河《が》原《わら》には八百万の神々が集い、どうやって天照大神に外へ出てもらうか、思案を巡らせたといわれています。

御祭神は天照大神。天岩戸が御神体として祀られる「西本宮」、天照大神が再び外の世界に出た際に住まわれた場所が本殿となった「東本宮」に分かれています。

授与時間　8:30～17:00

御朱印は西本宮の授与所でいただけます。

御朱印帳

御朱印帳の種類は全部で４種類。こちらは表紙に社殿、裏表紙は天岩戸神楽に登場する神様を題材にした図柄になっています。

(左)ころんとした形が愛らしい、手のひらサイズの土鈴「勾玉鈴」。黄金色の彩色は身に着けていたら御利益がありそうと感じさせます。
(右)手力男命と天鈿女命が対になった「神面小鈴」。

天照大神が閉じこもった天岩戸を開けようとする日本神話の一節を描いた御朱印帳。図柄は同じで水色とピンクの２色です。

Data

宮崎県西臼杵郡高千穂町岩戸1073-1　JR「熊本駅」より宮崎交通特急バス「高千穂号」で高千穂バスセンターへ。岩戸線バス「岩戸」下車すぐ　境内自由　天岩戸徴古館100円

(上)天岩戸が見える天岩戸遥拝所は、西本宮拝殿の裏側にあります。(右上)根元が７本繋がっている「七本杉」も見所。(右)天照大神が外を覗いた際に岩戸を取り払ったとされる「手力男命戸取像」。

スサノオの御神徳で安全を祈る

鎮守氷川神社《ちんじゅ　ひかわじんじゃ》 | 埼玉 |

御祭神 ◯素盞嗚命 ◯櫛稲田姫命

修繕、再建を繰り返し長きに渡って慕われている

創建された室町時代初期より、地域の守り神として、地元で暮らす人々に今なお慕われている「鎮守氷川神社」。

御祭神である素盞嗚命《すさのおのみこと》は、天照大神《あまてらすおおかみ》の弟。高天の原を追放された後、出雲でヤマタノオロチを退治し、櫛稲田姫命《くしなだひめのみこと》を救ったとされています。このことにちなんで、厄除けのほか、夫婦神でもあることから縁結びや子育て、安産の神様としても知られています。

御朱印帳

（上）力強いスサノオのシルエットと、石見神楽を描いた御朱印帳。（下）2016年より月に１回頒布を始めた御朱印帳。神社と親交がある画家・横尾忠則氏が奉納したポスター画をデザインに採用しています。

小さな社ながら、元旦には5万人もの人が参拝に訪れます。

授与時間 9:00～16:30

折々に参拝に来て神様に手を合わせて欲しいという願いから、春夏秋冬で色を替えて授与する御朱印。

Data

埼玉県川口市青木5-18-48 JR京浜東北線「西川口駅」下車、徒歩15分

境内自由

道を切り拓く原動力を呼び覚ます

松陰神社｜山口｜

しょういんじんじゃ

吉田松陰がわずか30歳の若さで刑死した後に遺族が祀った祠が前身。明治40年、松下村塾の門下生であり、明治維新の中心人物として活躍した伊藤博文らによって建立された。松陰の教えを守り抜いた53名の門下生、塾生も祀られています。

御朱印帳

表紙には社殿、裏表紙には家族に宛てて書かれた遺書に詠まれた和歌が描かれています。

Data　御祭神 吉田矩方命　山口県萩市椿東1537　JR山陰本線「東萩駅」より徒歩20分、または萩市役所前より循環バス「松陰神社」下車、徒歩1分　境内自由　8:00～17:00

みそぎの池のほとりで多くの神々が誕生

江田神社｜宮崎｜

えだじんじゃ

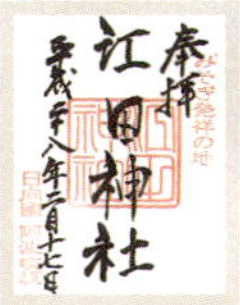

御朱印帳

みそぎ池とご神木、社殿が描かれ、祝詞の冒頭でこの池が詠まれています。

延喜式神名帳にもその名が載る古社。黄泉の国から戻った伊邪那岐命《いざなぎのみこと》が穢れを払うため、祝詞を唱えながら入ったとされるみそぎ池があります。

Data　御祭神 伊邪那岐命　伊邪那美命　宮崎県宮崎市阿波岐原町産母127　ＪＲ日豊本線「宮崎駅」より宮崎交通バス「江田神社」下車すぐ　境内自由　8:00～17:00

米子の地名発祥の地ともいわれる

賀茂神社 天満宮｜鳥取｜

かもじんじゃてんまんぐう

御朱印帳

雷神である別雷命をかわいい雷様のイラストで表現した御朱印帳。

米子で最も古い神社であり、歴代米子城主によって手厚く保護されてきた歴史をもつ。お守りなどに描かれる雷神は御祭神の別雷命《わけいかずちのみこと》に由来。

Data　御祭神 別雷命　鳥取県米子市加茂町2-212　JR「米子駅」下車、徒歩10分　境内自由　9:00～17:00

大和の代表的な名刹

當麻寺奥院《たいまでらおくのいん》 ｜奈良｜

御本尊 ◯法然上人

法然上人二十五霊場の第九番札所にあたります。當麻寺のなかで最大の庭園「奥院浄土庭園」は必見です。

仏様のお姿を描いた御朱印帳

御本尊やそのお寺のシンボリックな仏様を描いた御朱印帳。見ているだけでありがたい気持ちになるはず。

日本で唯一、創建時の姿で建つ2つの塔

當麻寺の塔頭寺院の奥院は、知恩院の御本尊であった法然上人像を応安3（1370）年に遷座して建立されたお寺。浄土宗の大和本山です。奥院大方丈の絵天井に牡丹の絵があることに由来して、庭園には多くの牡丹が植えられており、當麻寺は「牡丹の寺」として知られます。春の梅や桜に始まり、紫陽花、もみじと一年を通じて四季折々の花の美しさを味わえます。また、創建当時の塔を2つとも今日に残す日本唯一のお寺としても有名で、東塔・西塔ともに国宝に指定されています。

授与時間　9:00～17:00

法然上人二十五霊場の第九番札所にあたります。

御朱印帳

中将姫が蓮糸で織り上げたと伝わる「當麻曼陀羅」をデザインした御朱印帳。

御本尊の法然上人像は２月24日に営まれる御忌大法要のときだけ開帳されます。

中将姫が蓮糸で織っている様子

御朱印帳のモチーフとなった、綴織で再現された「綴織當麻曼陀羅」(奥院本)。

Data

奈良県葛城市當麻1263
近鉄・南大阪線「当麻寺駅」下車、徒歩15分　9:00～17:00
奥院(庭園・宝物館) 500円

(上)浄土の世界を表現した浄土庭園。(右上)約80種、3000株もの牡丹が植えられています。４月下旬～５月上旬が見頃。(右) 宝物館にある二十五菩薩来迎像。かわいらしくユニークなお姿の菩薩様です。

幕末には新撰組の本拠地となった寺院

金戒光明寺《こんかいこうみょうじ》 ｜京都｜

御本尊 ◯阿弥陀如来

まるでアフロヘアの髪型の阿弥陀様に会いに行こう

地元では「黒谷さん」の愛称で親しまれる金戒光明寺。浄土宗の七大本山のひとつに数えられ、承安5（1175）年、比叡山を下りた法然上人がこの地に草庵を結んだのが始まりといわれています。歴史好きには新撰組発祥の地としてもおなじみ。幕末には会津藩主、松平容保がこの地を京都守護職の本陣とし、1000名の藩士を配下に置いて、京都の街の治安を守りました。

ご朱印帳

全国的にも珍しい、螺髪（頭髪）が積み重ねられた姿の五《ご》劫《こう》思《し》惟《ゆい》阿弥陀仏を描いた御朱印帳。

本堂（御影堂）には法然上人の御影が奉安されています。

授与時間 9:00～16:00

後小松天皇から賜った「浄土真宗最初門」という勅額を御朱印にしています。

Data

京都府京都市左京区黒谷町121　JR「京都駅」から市バス100系統で「岡崎道」下車、徒歩10分　9:00～16:00

参道で巨大な鳥居がお出迎え

最上稲荷《さいじょういなり》｜岡山｜

三大稲荷のひとつで、参道に建つ大鳥居は街のシンボルです。悪縁を絶ちきる“縁きり”と良縁を結ぶ“縁結び”を合わせて行う「両縁参り」は全国的にも珍しい参拝方法。恋愛や仕事等、人生の転機に気持ちを切り替えるきっかけとして「縁の末社」を訪れる参拝者も多いです。

御朱印帳

力強い仁王像を迫力あるタッチで描いた御朱印帳。2014年に金色の像に改修されました。

Data　御本尊 最上位経王大菩薩　岡山県岡山市北区高松稲荷712　岡山駅からバス「稲荷山」下車、徒歩８分　5:30～19:00　9:00～16:30

ギネスブック認定の大仏が目印

牛久大仏《うしくだいぶつ》｜茨城｜

御朱印帳

大仏様のお姿と、庭園のお花畑に咲くコスモスや桜を描いた御朱印帳。

地上120mにも及ぶ大仏は、青銅製の立像として世界一のギネス記録をもちます。胎内は五階層になっており、様々な展示が行われています。

Data　御本尊 阿弥陀如来　茨城県牛久市久野町2083　JR常磐線「牛久駅」より関東鉄道バス「牛久大仏」下車すぐ　3～9月平日9:30～17:00　土日祝9:30～17:30、10～2月平日、土日祝9:30～16:30　拝観時間に準ずる　拝観料　800円（12～3月は700円）

厄除元三大師としてもおなじみ

深大寺《じんだいじ》｜東京｜

御朱印帳

深大寺で授与される白鳳佛の御朱印と、そのお姿を描いた御朱印帳。

奈良時代に開山したといわれ、厄除けや縁結びに御利益があるとして有名。初詣や3月に行われるだるま市には、毎年数万人の参拝者が足を運びます。

Data　御本尊 宝冠阿弥陀如来　東京都調布市深大寺元町5-15-1　京王線「調布駅」より京王バス「深大寺」下車すぐ　他　9:00～17:00

建物

東北を代表する縁結びの神様

熊野大社《くまのたいしゃ》 | 山形 |

御祭神 ◯熊野夫須美大神（伊弉冉尊）
◯熊野速玉大神（伊弉諾尊） ◯熊野家津御子大神（素盞嗚尊）

社殿や本堂を描いた御朱印帳

特色のある社殿や本堂などの建造物を描いた御朱印帳。お参りしたあとも寺社の記憶があざやかに蘇ります。

（右）天明7（1787）年に建立されたといわれる拝殿。山形独自の建築様式で建てられたものの中でも最も古い。
（上）この中に3羽のうさぎが隠し彫りされています。

授与時間 9:00～17:00

和歌山の熊野三山、長野の熊野皇大神社とともに「日本三熊野」と称され、熊野信仰の中心。県内最古の茅葺屋根建築で、御朱印帳は県の重要文化財に指定されている拝殿。

御朱印帳

三羽のうさぎが願いを叶えてくれる

〝東北の伊勢〟とも称される熊野大社は、日本三熊野のひとつに数えられます。上杉や伊達各氏の歴代武将も信仰したそう。うっそうと緑が生い茂る境内には、三柱の大神を含め三十柱の神々が祀られています。縁結びに御利益があり、本殿の裏側に隠し彫りされた三羽のうさぎを見つけると願いが叶うと伝えられており、満月の夜には「月結び」祈願が行われます。

Data

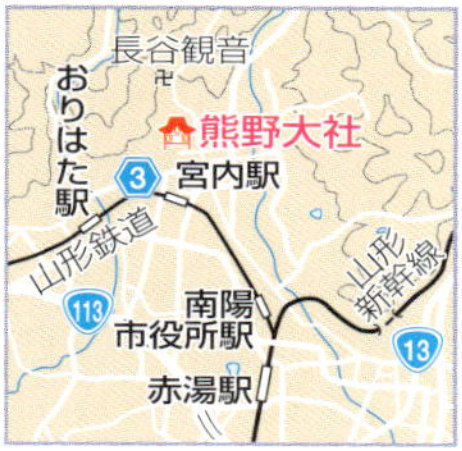

山形県南陽市宮内3476-1
9:00～17:00 山形鉄道フラワー長井線「宮内駅」下車、徒歩15分

徳川家康公ゆかりの地で400年の歴史を誇る

久能山東照宮《くのうざんとうしょうぐう》 | 静岡 |

徳川家康公がその御遺命によって葬られた神社。社殿は名古屋城や仁和寺、二条城なども手がけた棟梁・中井正清《なかいまさきよ》によるもので、平成22年には国宝にも指定されました。当時最高の建築技術・芸術が結集された「権現造」の様式は、日光ほか全国の東照宮建築の原型になりました。

御朱印帳

国宝の社殿とともに描かれる2粒の苺は「石垣いちご」。

Data 御祭神 徳川家康公　静岡県静岡市駿河区根古屋390　JR「静岡駅」よりバスしずてつジャストライン日本平線「日本平」下車、ロープウェイに乗り換え徒歩すぐ　4月～9月9:00～17:00、10月～３月9:00～16:00　¥社殿500円　博物館400円　共通券800円

人形浄瑠璃でも描かれた悲恋の舞台

露天神社《つゆのてんじんじゃ》 | 大阪 |

御朱印帳

人形浄瑠璃の図柄の御朱印と御朱印帳。境内には主人公の銅像も。

梅田の総鎮守で「お初天神」が愛称。近松門左衛門が実際にあった事件を題材に書いた人形浄瑠璃「曽根崎心中」に登場するヒロインの名に由来します。

Data 御祭神 大己貴大神　少彦名大神　天照皇大神　豊受姫大神　菅原道真公　大阪府大阪市北区曽根崎2-5-4　大阪市営地下鉄「東梅田駅」下車、徒歩５分　6:00～24:00　9:00～18:00

南信州随一の祈願霊場

光前寺《こうぜんじ》 | 長野 |

御朱印帳

霊犬・早太郎の像と桜の御朱印帳。色違いの紺色は生い茂る木立を描く。

人身御供の身代わりとなった「霊犬・早太郎」の伝説や美しい庭園で知られる。４月下旬には境内に植えられた70本のしだれ桜が咲き誇ります。

Data 御本尊 不動明王　長野県駒ヶ根市赤穂29番地　JR「駒ヶ根駅」から伊那バス「切石公園下」下車徒歩10分　8:00～17:00（本堂開扉時間、庭園拝観は４月～９月9:00～17:00、10月～３月9:00～16:00）　本堂開扉時間に準ずる　¥庭園拝観料500円

武将にちなんだ御朱印帳

時代を動かした武将たちにゆかりの深い寺社では、その姿や家紋を描いた凛々しい御朱印帳が授与されています。

織田信長にちなんだ御朱印帳

京都では“けんくんさん”でおなじみ

建勲神社《たけいさおじんじゃ》 | 京都 |

生前の偉勲を讃え明治2年(1869)、明治天皇の御下命により信長をご祭神とする神社が創建されました。翌年には「建勲神社」の社名が下賜されています。

授与時間
9:00～17:00

外交や経済政策にも力を注ぎました

御朱印帳

表紙の「天下布武」は信長の印章に使われた言葉。

船岡山の山頂に建つことから、境内からの眺望は抜群。紅葉や桜を楽しみに訪れる人も多いです。

Data 御祭神 織田信長公 京都府京都市北区紫野北舟岡町49 市営地下鉄「北大路駅」から市バス204・205系統「建勲神社前」または「船岡山」下車、徒歩9分 境内自由

歴史に名高い事件の舞台

本能寺《ほんのうじ》 | 京都 |

明智光秀の謀反により織田信長が自害した場所として名を知られる寺院。かつて堀川四条近くにありましたが、「本能寺の変」後に豊臣秀吉の命令により現在地へ移転しました。

授与時間 9:00～17:00

御朱印帳

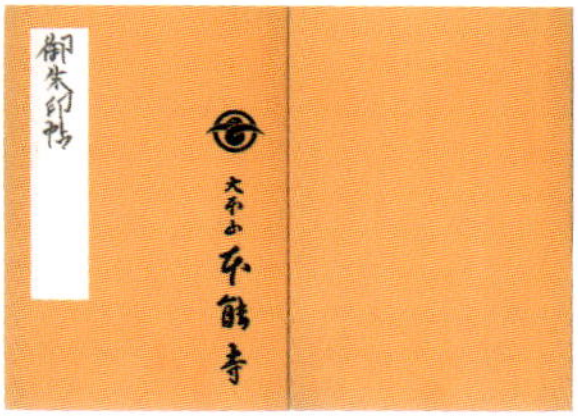

寺紋が入った御朱印帳。「妙法」のほかお題目の御首題もいただけます。

境内の一角にある信長の墓所には今でも線香の煙が絶えない

Data 御本尊 南無妙法蓮華経曼荼羅 京都府京都市中京区寺町通御池下る下本能寺前町522 地下鉄東西線「市役所前駅」下車すぐ 6:00～17:00 大寶殿宝物館500円

豊臣秀吉にちなんだ御朱印帳

豊臣秀吉の生誕地である名古屋市中村区に鎮座。明治18（1885）年、当時の県令をはじめ地元住民の強い要望によって創建された神社です。神社がある公園内には加藤清正とともに遊ぶ幼年時代の姿の銅像も。

地元住民の要望で創建された神社

豊國神社《とよくにじんじゃ》｜愛知｜

授与時間　8:30～16:30

御朱印帳

書き置きで季節の御朱印も授与しています。

Data　御祭神 豊臣秀吉公　愛知県名古屋市中村区中村町木下屋敷　地下鉄東山線「中村公園駅」下車、徒歩10分　境内自由

伏見城の遺構の唐門は必見

豊国神社《とよくにじんじゃ》｜京都｜

馬印に使われたひょうたんや、桐紋の押し印が入り、正月三が日、旧暦元日、毎月18日は桐紋が金色になる、限定御朱印の授与も。

慶長4（1599年）、東山の阿弥陀ヶ峯の中腹に創建されたのがはじまり。徳川家康の命で廃社となりますが、明治天皇によって現在地に復興が叶いました。

御朱印帳

授与時間
9:00～16:30

Data　御祭神 豊臣秀吉公　京都府京都市東山区大和大路通り正面茶屋町350　JR「京都駅」から市バス100・206・208系統「博物館・三十三間堂前」下車、徒歩5分　8:30～17:00　宝物殿300円

大阪城公園の中に鎮座。明治天皇から神社創建の命を請けた際、京都を本社に、大阪は別社として明治12年に創立したのがはじまり。境内には5.2メートルの銅像が立ち、撮影スポットになっています。

出世開運を願う人が多く訪れる

大阪城 豊國神社《おおさかじょう　ほうこくじんじゃ》｜大阪｜

御朱印帳

授与時間　9:00～17:00

秀吉の鎧兜と、社殿を描いた御朱印帳。牡丹の花の図柄も人気。

Data　御祭神 豊臣秀吉公　秀頼公　秀長公　大阪府大阪市中央区大阪城2-1　「森ノ宮駅」より徒歩15分　境内自由

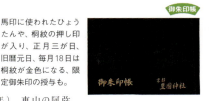

武田信玄にちなんだ御朱印帳

授与時間
9:00～16:00

御朱印帳

武田菱に鎧、軍配と信玄ゆかりのモチーフが散りばめられています。

名の通り、御祭神は戦国時代を代表する名将、武田信玄。武田信虎、信玄、勝頼の三代が60年以上渡って居住していた「躑躅《つつじ》ヶ《が》崎館《さきやかた》」の跡地に鎮座します。勝運に御利益があることで知られ、信玄が農業をはじめ様々な産業を興し、甲州を発展させたことから産業や経済の神としても信仰を集めています。

日本が誇る武将が御祭神

武田神社 ｜山梨｜

たけだじんじゃ

Data 御祭神 武田信玄公 山梨県甲府市古府中町2611 JR「甲府駅」よりバス「武田神社」下車すぐ 境内自由 宝物殿300円

真田幸村にちなんだ御朱印帳

戦国きっての智将が御祭神

眞田神社 ｜長野｜

さなだじんじゃ

Data 御祭神 真田家、仙石家・松平家の歴代藩主 長野県上田市 二の丸1-12 JR「上田駅」下車、徒歩10分 境内自由

御朱印帳

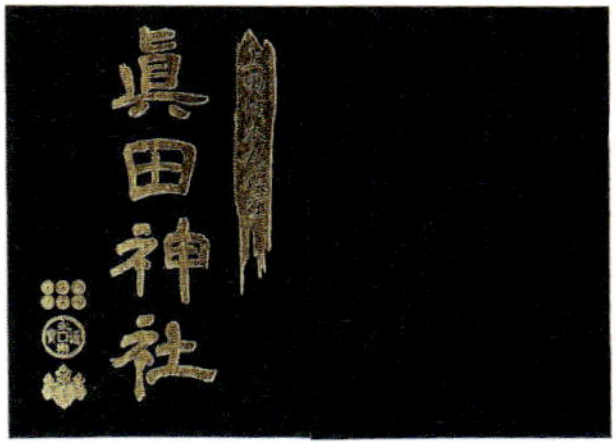

六文銭と呼ばれる真田家の家紋が入った御朱印帳。濃紺その他限定朱印帳もあります。

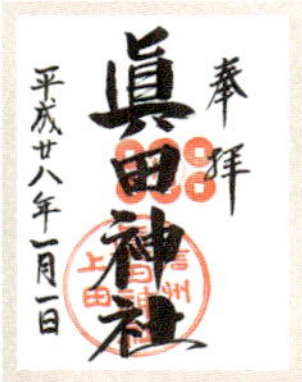

授与時間
9:00～17:00
（冬期は16:00まで）

真田昌幸が築いた上田城趾公園に鎮座。真田昌幸・信之に加え、仙石・松平両家の歴代藩主が祀られています。真田昌幸といえば、二度に渡って徳川軍を撃退し、家康を恐れさせたとされる智将。神社奥にある「真田井戸」は抜け道となっていて、城北に位置する太郎山の砦と繋がっていたそう。

伊達政宗にちなんだ御朱印帳

授与時間
8:00～17:00
※月ごとに変動

御朱印帳

伊達家の家紋「竹に雀」をあしらった御朱印帳。御朱印には本堂に安置される御本尊の聖観音菩薩が墨書きされる。

桃山文化の粋を今に伝える

瑞巌寺《ずいがんじ》　|宮城|

天長5(828)年に慈覚大師によって創建されたと伝えられている奥州随一の古刹です。現在の建物は、慶長14(1609)年に伊達政宗公が桃山様式の粋を尽くし、5年の歳月をかけて完成させました。平成の大修理のため見ることができなかった本堂ですが、平成28年4月5日から拝観を再開しています。

Data　御本尊 聖観世音菩薩　宮城県宮城郡松島町松島字町内91番地　JR「松島海岸駅」より徒歩5分　8:00～17:00前後（月ごとに変動）　700円

加藤清正にちなんだ御朱印帳

人々の暮らしと文化の礎を築いた

加藤神社《かとうじんじゃ》　|熊本|

Data　御祭神 加藤清正公　熊本県熊本市中央区本丸2-1　JR「熊本駅」より路面電車「熊本城市役所前」下車徒歩９分　境内自由

御朱印帳

授与時間
8:00～17:00

御朱印と御朱印帳は、いずれも加藤清正の虎退治の逸話やゆかりの熊本城がデザインに採用されています。

加藤清正は、日本三名城にも数えられる熊本城の築城をはじめ、全県下の土木工事や干拓・開墾、街道づくり、さらには学問の奨励等、人々の暮らしを豊かにするために多大なる貢献をした人物。地元では「セイショコさん」の名で親しまれ、毎年7月には「清正公（セイショコ）まつり」が行われます。

祭礼の様子を描いた御朱印帳

毎年行われる祭祀の様子を御朱印帳に描く神社は少なくありません。なかでも広く知られる祭りの風景を描いた御朱印帳を紹介しましょう。

東北ではおなじみの三吉さん

太平山三吉神社《たいへいざんみよしじんじゃ》 | 秋田 |

御祭神 ◯大己貴大神 ◯少彦名大神 ◯三吉霊神

（上）太平山を模した拝殿。昭和52年に竣工されました。（左）真っ赤な奥宮の鳥居に雪が積もり、幻想的な光景。（右）麓から奥宮がある山頂までは約4～5時間かかります。

弱きを助け、強きをくじく三吉霊神が祀られている

北海道から福島までの北日本各地、及びブラジル・サンパウロに祀られる三吉神社・太平山講・三吉講の総本宮。地元では「みよしさん」、「さんきちさん」の愛称で親しまれます。

御祭神である「三吉霊神」は秋田で生まれた正義感の強い神様で、勝負事や事業繁栄などに御利益があるとされるほか、子どもの守護神でもあります。もともと拝殿は太平山にある奥宮にあるのみでしたが、山が険しく、女人禁制だったことから、だれもが参拝できるようにと現在の里宮が建立されました。

授与時間 8:00～17:00

里宮と奥宮、それぞれの授与所で御朱印を授与いただけます。

御朱印帳

「梵天祭」で使用される梵天と社殿を描いた御朱印帳。

毎年１月17日に行われる特殊神事「梵天祭」にちなんだ「三角お守り」。心身ともにいつでも健やかであるよう守護します。

太平山山頂にある奥宮の社殿。奥宮の御朱印受付時間は６月～９月のみ（7:00～17:00）。

Data

秋田県秋田市広面字赤沼３の２　JR「秋田駅」より秋田中央交通バス「三吉神社入口」下車、徒歩２分　境内自由

（上）“けんか梵天”とも呼ばれる「梵天祭」の様子。梵天と呼ばれる依代を激しくもみ合いながら奉納します。
（右上）見晴らしのいい遙拝所。正面には奥宮が鎮座する太平山が。（右）里宮の神社正参道と鳥居。

博多祇園山笠でおなじみ

櫛田神社《くしだじんじゃ》 ｜福岡｜

御祭神　◯大幡主命　◯天照皇大神　◯素戔嗚尊

（上）高さ10～15mにも及ぶ豪奢な飾り山笠。（下）豊臣秀吉が再建したとされる社殿。

地元で知らない人はいない博多の総鎮守

「お櫛田さん」の愛称で博多っ子に愛される博多の街の鎮守様。毎年7月に行われる博多祇園山笠では、クライマックスでもある舁き山笠の「櫛田入り」をひと目見るべく、多くの人が訪れます。境内には飾り山笠が展示（6月除く）され、例年、祭りの前に作り替えられるそう。

　また、節分大祭の際は参道に巨大なおたふくの面が設置されるなど、ユーモラスな演出で参拝者を楽しませています。

御朱印帳

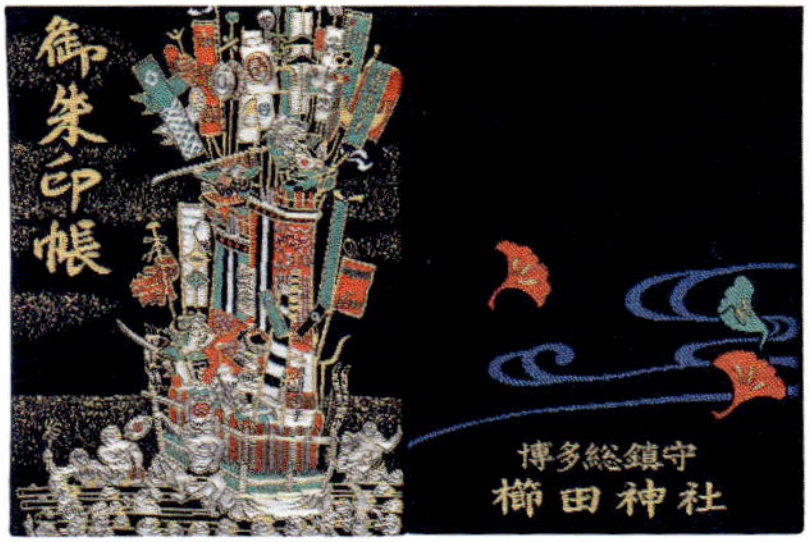

博多祇園山笠の躍動感が伝わる御朱印帳。イチョウの葉は樹齢1000年以上ともいわれる天然記念物「櫛田の銀杏（ぎなん）」です。

山笠の幟の細工の細かさは必見

授与時間　9:00～17:00

Data

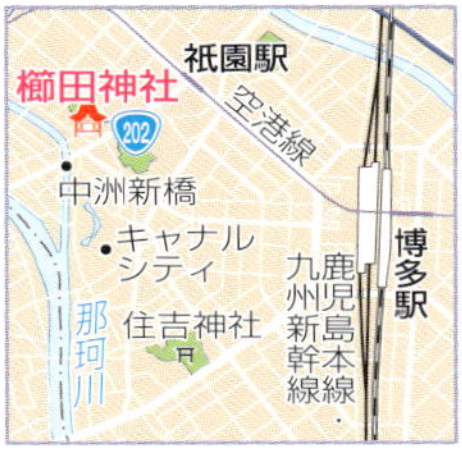

福岡県福岡市博多区上川端町1-41　地下鉄「中洲川端駅」または「祇園駅」下車、徒歩5分　4:00～22:00

一度は見たい、長崎くんち

鎮西大社《ちんぜいたいしゃ》 諏訪神社《すわじんじゃ》 | 長崎 |

諏訪、森崎、住吉の三社が祀られている長崎の総鎮守。戦国時代にイエズス会領となり、焼き払われましたが、1625（寛永2）年に再建。10月7～9日に行われる例大祭「長崎くんち」は1634（寛永11）年より始まったとされる由緒ある祭りで、国の重要無形民俗文化財です。

御朱印帳

長崎くんちの様子を毎年デザインを替えて授与する御朱印帳。長崎らしさが詰まった一冊。

Data 御祭神 諏訪大神　建御名方神　八坂刀売神　森崎大神　伊邪那岐神　伊邪那美神　住吉大神　住吉三神　長崎県長崎市上西山町18-15　JR「長崎駅」より路面電車「諏訪神社前」下車、徒歩5分　境内自由　8:30～17:00

日本三霊山のひとつ

雄山神社前立社壇《おやまじんじゃまえたてしゃだん》 | 富山 |

御朱印帳

秋に行われる例大祭で奉納される立山の舞を描いた御朱印帳。

里宮前立社壇、中宮祈願殿、峰本社の3社からなる霊峰立山を神体山とする神社。万葉集では「神の坐す山」と詠まれた霊場としても知られています。

Data 御祭神 伊邪那岐神　天手力雄神　富山県中新川郡立山町岩峅寺1番地　立山線・上滝線「岩峅寺駅」下車、徒歩10分　3月16日～11月15日は8:30～17:00、11月16日～3月15日は8:30～16:30

天下の奇祭の舞台

西大寺《さいだいじ》 | 岡山 |

御朱印帳

祭りの熱気と迫力が伝わる、勇壮な御朱印帳は赤と紺の2色。

裸になった大勢の男達が2本の宝木を奪い合う「会陽（えよう）」、通称「はだか祭り」が全国的に有名。奈良時代より受け継がれる山陽の旧正月の風物詩だ。

Data 御本尊 千手観音菩薩　岡山市東区西大寺中3-8-8　赤穂線「西大寺駅」下車、徒歩10分　境内自由　8:00～17:00

名勝・風景を描いた御朱印帳

寺社の周囲や境内の美しい風景を表現した御朱印帳。手元に残せば旅の写真のように色褪せない記憶として残るはず。

江戸時代の建造物が今なお残る

根津神社《ねづじんじゃ》 | 東京 |

御祭神 ◯須佐之男命 ◯大山咋命 ◯誉田別命 ◯大国主命 ◯菅原道真公

（上）豪華絢爛な社殿。（右）楼門の右側の随身は水戸光圀がモデルといわれています。（左）神社の正門である唐門。すべて国指定重要文化財。

明治の文豪も通った神社 春のつつじまつりが有名

１９００年以上前に日本武尊が創建したとされる古社。宝永３（１７０６）年に完成した社殿をはじめとするすべての建造物が、震災や戦災を免れて現存する希少な神社でもあります。

夏目漱石や森鷗外など多くの文豪にも愛され、数々の文学作品に「根津権現」の名で登場。4月中旬から下旬にかけては、境内に植えられた１００種３０００株ものつつじが咲き、甘い香りが漂います。見ごろを迎えるのは4月中旬。つつじ苑からは乙女稲荷の切れ目なく連なる千本鳥居を見下ろせ、絶景です。

授与時間　**10:00～16:00**

かつて東京の鎮護と万民の安泰を祈る准勅祭社だった名残を、御朱印に見ることができます。

御朱印帳

乙女稲荷の千本鳥居やつつじ、楼門など根津神社の見所を凝縮したデザイン。

(右) 東京十社で授与する小さな絵馬も人気。(左) 四季折々の花が描かれた「月次花御札」は全部で13種類。

社紋が入った漆黒のシンプルな御朱印帳は男性に人気です。

Data

東京都文京区根津1-28-9
地下鉄千代田線「根津駅」「千駄木駅」下車、徒歩5分　境内自由

(上) つつじまつりの時季に開放される「つつじ苑」。
(右上) 森鷗外が奉納した砲弾の台座。現在は水飲み場として使用されています。(右) 乙女稲荷の千本鳥居。

西日本最高峰にある神社

石鎚神社《いしづちじんじゃ》 | 愛媛 |

御祭神 ◯石鎚毘古命

(上)頂上社　(中、下)中腹にある成就社と土小屋遙拝殿
(右)本社本殿

弘法大師もこの地で厳しい修行を積んだ

西日本最高峰の石鎚山を神体山とし、山麓にある本社、山の中腹にある成就社と土小屋遙拝殿、山頂の頂上社の4社を総じて「石鎚神社」と呼びます。

かつて弘法大師もこの地で修行したと伝えられ、豊臣家一族ほか多くの武将の信仰を集めました。頂上社開門時間は5月1日〜11月3日まで。この間神社が運営する山小屋も開かれ、参拝者はもちろん、一般の登山客も利用できます。

御朱印帳

古来より修行の山として知られる石鎚山。登拝には鎖場と呼ばれる急な斜面を登ります。

授与時間 8:30〜16:30

御朱印は四社それぞれでいただくことができます。

Data

愛媛県西条市西田甲797
JR「石鎚山駅」下車、徒歩10分　8:00〜17:00

辺津宮、中津宮、奥津宮の三社それぞれに三姉妹の女神を祀る神社だ。弁財天像も祀られおり、厳島弁財天（広島）や竹生島弁財天（滋賀）と並ぶ日本三大弁財天のひとつ。芸事の神様として知られるほか、恋愛成就などのご神徳があります。9月に行われる龍神祭は江ノ島に伝わる龍伝説に由来したお祭り。

Data　御祭神 多紀理比賣命　市寸島比賣命　田寸津比賣命　神奈川県藤沢市江の島2-3-8　小田急線「片瀬江ノ島駅」下車、徒歩15分　8:00～17:00　8:30～17:00　奉安殿150円

弁財天と龍神の伝説の地

江島神社《えのしまじんじゃ》｜神奈川｜

御朱印帳

湘南海岸の風光明媚な風景を表現した御朱印帳。水面を跳ねる鯛が愛らしい。ふんわりとした筆致で描いた弁財天の御朱印帳も人気。

日本が誇る名勝地

嚴島神社《いつくしまじんじゃ》｜広島｜

御朱印帳

海上に浮かんでいるような社殿と大鳥居を描いた御朱印帳。海面のさざなみまで表現し、まるで絵画のよう。

推古天皇元（593）年に創建。神社が建つ厳島では島全体が神様として崇められてきました。青い海にそびえ建つ朱塗りの大鳥居の光景はあまりにも有名。

Data　御祭神 市杵島姫命　田心姫命　湍津姫命　広島県廿日市市宮島町1-1　山陽本線「宮島口駅」下車、フェリーに乗り「宮島栈橋」より徒歩15分　6:30～18:00（時期により変更あり）　300円

県内屈指の桜の名所

荘内神社《しょうないじんじゃ》｜山形｜

御朱印帳

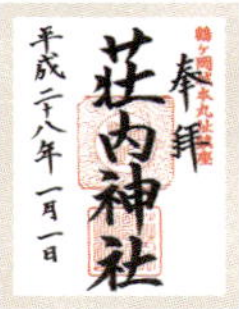

咲き誇る満開の桜と鶴ヶ岡城の構図が日本的で美しい一冊。

鶴ヶ岡城本丸の跡地に鎮座する神社で、この地を治めた酒井家の藩主を祀り、8月の荘内大祭大名行列では、江戸時代の参勤交代を蘇らせています。

Data　御祭神 酒井忠次公　家次公　忠勝公　忠徳公　山形県鶴岡市馬場町4-1　JR「鶴岡駅」から庄内交通バス「市役所前」下車すぐ　境内自由　9:00～17:00

宝物

文化財・宝物を描いた御朱印帳

貴重な宝物や、所蔵する文物が文化財に指定されている寺社は多いもの。寺社が大切に守ってきた宝物や文化財を描いた御朱印帳です。

法相宗の大本山へ

興福寺《こうふくじ》 | 奈良 |

御本尊 ◯釈迦如来

南円堂は弘仁４（813）年に藤原冬嗣が創建した日本最大の木造の八角堂です。江戸時代に再建され、国宝の不空羂索観音像を安置しています。西国三十三所札所（P.80）の第９番になっており、毎年10月17日に特別開扉されます。

所蔵される多くの国宝や重要文化財も必見

天智8（669）年、藤原鎌足《かまたり》が病を患った際、夫人である鏡女王が夫の回復を祈願して建立した「山階寺」が起源。和銅3（710）年の平城遷都の際に現在の地に移され「興福寺」と名付けられました。藤原氏の氏寺として栄え、鎌倉時代には大和国を配下に治め、さまざまな文化を生み出しました。

時代の流れとともに幾度となく焼失しており、再建を繰り返しました。現存する最古の建造物は鎌倉時代に建てられた「北円堂」。また、現在再建中の「中金堂」は平成30年の完成予定です。

御朱印帳

奈良時代の中金堂の屋根瓦の紋様を描いた御朱印帳。赤のほか紺、ベージュがあります。

授与時間　**9:00～17:00**

興福寺でいただける御朱印は各お堂や御詠歌など全部で12種類。納経所と勧進所の二カ所で種類が掲示されているので、書いて欲しい御朱印を指定します。

Data

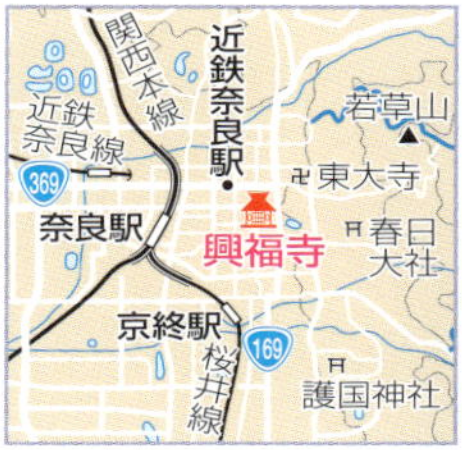

奈良県奈良市登大路町48
近鉄「奈良駅」下車、徒歩６分
9:00～17:00　国宝館600円　東金堂300円　二カ所共通券800円

(上) 聖武天皇が伯母である元正太上天皇の病気平癒を祈願して創建した「東金堂」。5度の被災、再建を繰り返し、現在の建物は1415年に再建されました。(右)「北円堂」は毎年春と秋に限定で公開。御朱印受付は、開扉期間のみ。

タイミングがあえばラッキー！お堂の几帳を使った御朱印帳も(P123)。

日本が誇る平安美術の宝庫

中尊寺 ｜岩手｜

ちゅうそんじ

御本尊 ◯釈迦如来坐像（本堂）

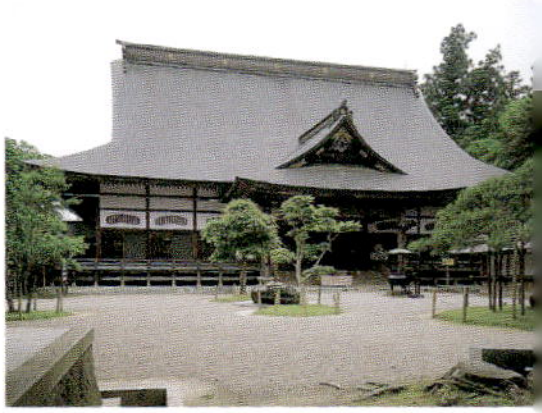

平和への祈りを込め厳かに光輝く金色堂

嘉祥3（850）年、比叡山延暦寺の円《えん》仁《にん》（慈覚大師）が開山。奥州藤原氏の初代・清衡《きよひら》が多宝塔や二階大堂をはじめ、多くの堂塔を建立しました。

国宝第1号である「金色堂」は、極楽浄土を具現化するべく、清衡によって天治元（1124）年に創建されたもの。建物全体に金箔が重ねられ、内部には螺鈿細工や金の蒔絵などが施されるなど、当時の工芸技術が集結されています。

（上）御本尊が安置されている本堂。
（下）美しい装飾が施された「金色堂」。

御朱印帳

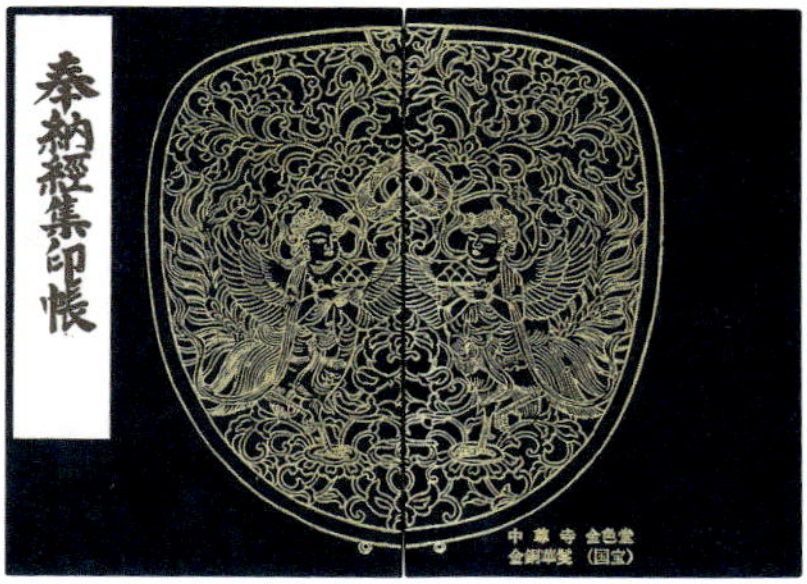

金色堂で授与いただける御朱印帳は、仏堂の装飾に用いられた「金銅華鬘」をモチーフにしたもの。細部まで忠実にデザインされた芸術的な一冊です。

授与時間 拝観時間に準ずる

金色堂の御朱印は迫力の見開き。このほか、中尊寺の各お堂で御朱印を授与いただけます。

Data

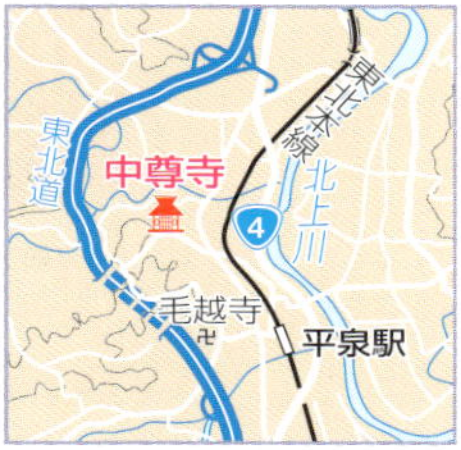

岩手県西磐井郡平泉町平泉衣関202　JR「平泉駅」より徒歩25分　3/1～11/3は8:30～17:00　11/4～2/末は8:30～16:30　拝観料800円

安土桃山時代の遺構

大崎八幡宮 | 宮城 |

おおさきはちまんぐう

伊達政宗の命により創建され、仙台藩の総鎮守として多くの人々の信仰を集めました。日本最古の権現造りの御社殿は、国宝に指定されています。黒漆塗りの御社殿と極彩色の彫物は豪華絢爛で、安土桃山の文化を今に伝えています。

御朱印帳

国宝の社殿と、破風内の二羽の鶴をあしらった御朱印帳。

Data　御祭神 応神天皇　仲哀天皇　神功皇后　宮城県仙台市青葉区八幡4-6-1　JR「仙台駅」より仙台市営バス「大崎八幡宮前」下車すぐ　境内自由　9:00～17:00

極彩色の本堂が印象的

妻沼聖天山 歓喜院 | 埼玉 |

めぬましょうでんざん　かんぎいん

御朱印帳

本殿は国宝に指定され、その細工の緻密さから「埼玉日光」とも呼ばれています。

平安時代の武将、齋藤別当実盛《さいとうべっとうさねもり》公が創建したのがはじまり。現在の聖天堂は享保20(1735)～安永8(1779)年にかけて再建されたもの。

Data　御本尊 大聖歓喜尊天　埼玉県熊谷市妻沼1627　JR「熊谷駅」下車、朝日自動車バス「聖天前」下車すぐ　9：30～16:00（国宝本殿拝観）　9:00～17:00　700円

荘厳なる金堂は奈良時代に建立

唐招提寺 | 奈良 |

とうしょうだいじ

御朱印帳

西陣織で作られた、千手観音の光背（後光を表した装飾）の火焔部分をデザインした御朱印帳。

もともとは東大寺を離れた鑑真和上《がんじんわじょう》が、弟子達の修行場として開いた道場。金堂は弟子によって8世紀頃に造営されたといわれています。

Data　御本尊 盧舎那仏坐像　奈良県奈良市五条町13-46　近鉄「西の京駅」下車、徒歩10分　8:30～16:30　600円　新宝蔵200円

神使や動物を描いた御朱印帳

神様のお使いとして、神社の境内にお祀りされる可愛らしい〝動物の〟神使や、寺院の宝物に描かれた動物の御朱印帳は、とくに人気が高いです。

住吉神社の総本社

住吉大社《すみよしたいしゃ》 ｜大阪｜

御祭神　◯底筒男命　◯中筒男命　◯表筒男命　◯神功皇后

(上)住吉造は神社建築史上最古の様式のひとつ。(左) 海の神様を祀る「大海神社」。(右)商売発達のお稲荷さん「楠珺社」。

神功皇后が創祀 航海の神として崇敬

住吉大社は、全国に2300社以上あるといわれる住吉神社の総本社。4棟の本殿はすべて特徴的な住吉造と呼ばれる建築様式で創られており、いずれも国宝に指定されています。

源氏物語や一寸法師をはじめとする古典文学にも数多く登場。市民には「すみよっさん」の名で親しまれ、初詣には毎年200万人以上の参拝者が訪れるそう。願いを占う「おもかる石」は人気があり、列をなすことも。一年を通して、心願成就や商売繁昌を祈願する人々で賑わっています。

授与時間 9:00～16:30

住吉大社の墨書きのほか、御朱印は9社あります。授与所で指定して書いていただきます。

御朱印帳

女性に人気の三羽の兎を描いた御朱印帳は、色違いでピンクも。

（右）住吉大社の使いであるうさぎを象った「うさぎ幸福守」。（左）「招福猫」の土人形は毎月、辰の日に行う「初辰まいり」に授与されます。

「住吉造」と呼ばれる建築様式を描いた御朱印帳です。

Data

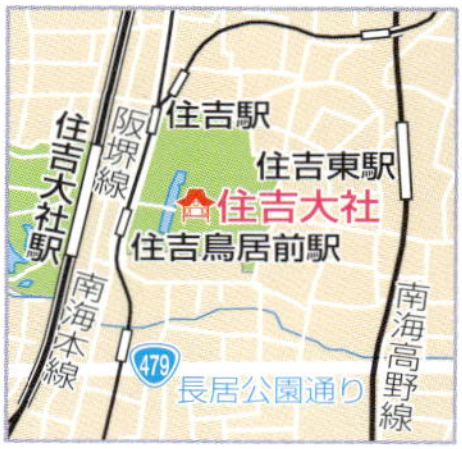

大阪府大阪市 住吉区住吉2-9-89　南海本線「住吉大社駅」下車、徒歩3分　4月～9月6:00～17:00、10月～3月 6:30～17:00

（上）手水舎のうさぎのモチーフは神功皇后がお祭りされた日が卯歳、卯月、卯日であることに由来する。（右上）太鼓橋とも呼ばれる「反橋」。（右下）6月14日の御田植え神事は境内の御田で行われます。

長きに渡って江戸・東京を守り続ける

日枝神社《ひえじんじゃ》 | 東京 |

御祭神 ◯大山咋神 ◯国常立神 ◯伊弉冉神 ◯足仲彦尊

(上)境内からは赤坂の高層ビル群が一望できる、都会のオアシスのような場所。(右上)正面参道に続く石段は山王男坂と呼ばれる
(右)神使は珍しい申で、申年の初詣には多くの人が参拝に訪れます。

仕事運、出世運に御利益があるとされる

江戸城の鎮守の神として徳川家に崇敬され、現在も皇居の鎮守としての役割を果たしています。東京都心のオフィス街に鎮座し、近隣には国会議事堂などもあることから、古くより政財界からも絶大な崇敬を受けています。慶応4（明治元）年に日枝神社という称号に変わるまでは「山王《さんのう》さん」の愛称で親しまれてきました。

6月の「山王祭」は、京都の祇園、大阪の天神に並ぶ日本三大祭りのひとつです。

(上) 7つの色のお守が入った「神猿みくじ」。(下) 災いから身を守る、愛らしい「こざる守」。

授与時間　9:00～17:00

徳川家の家紋「三つ葉葵」の原型、「二葉葵」の印が押されています。

御朱印帳

神使の申をイラスト化した、人気の御朱印帳。

御朱印帳のケースとしては珍しいハードケース。持ち歩きの際に重宝しそう。

神紋の双葉葵を図案化した御朱印帳。ほかに白色もあります。

Data

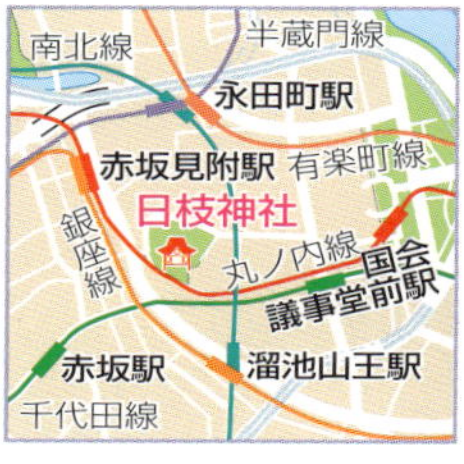

東京都千代田区永田町2-10-5
地下鉄銀座線・丸ノ内線「赤坂見附駅」より徒歩５分　4月～9月5:00～18:00、10月～3月6:00～17:00

（上）朱塗りの鳥居が連なる参道は、訪日外国人からも人気。（右上）藤棚の名所としても知られ、ゴールデンウィークの頃には見頃を迎えます。（右）高台に位置する参道のひとつにエスカレーターが設置された、山王橋。

龍神様が鎮まる聖地
秩父今宮神社 | 埼玉 |
ちちぶいまみやじんじゃ

水を司る龍神が住まう聖地として知られる「秩父今宮神社」。その住処となっているのは、武甲山《ぶこうさん》伏流水がこんこんと湧き出る「龍神池」。4月4日に行われる「水分祭」では、この霊水が秩父神社に授与され、田植神事に用いることで五穀豊穣を願います。推定樹齢1000年以上といわれる大ケヤキも見所。

御朱印帳

ご神木の大ケヤキと龍神の姿を描く御朱印帳。御朱印は龍の姿を表しています。

Data 御祭神 伊邪那岐大神　伊邪那美大神　須佐之男大神　八大龍王神　聖観世音菩薩・馬頭観世音菩薩　弁財天　埼玉県秩父市中町16-10　西武鉄道「西部秩父駅」下車、徒歩8分　8:30～17:00　9:00～16:30

世の平安を願って創建された
足立山妙見宮 | 福岡 |
あだちさんみょうけんぐう

宝亀元(770)年、和気清麻呂《わけのきよまろ》によって創建された古社で、地元では「足立の妙見さん」としておなじみ。足を切られた清麻呂は、お告げに従い温泉に浸かったところ、たちどころに傷が癒えたといいます。その足で足立山に登り、平和を祈願したのがはじまりとされています。

御朱印帳

神使の猪印が押されます

枝垂れ桜の名所としても知られる妙見宮。春の暖かさが伝わってきそうな御朱印帳です。

Data 御祭神 天之御中主神　高皇産霊神　神皇産霊神　鐸石別命　和氣清麻呂命　福岡県北九州市小倉北区妙見町17-2　JR「小倉駅」より西鉄バス「黒原一丁目」下車、徒歩10分　境内自由　9:00～16:00

青森県を代表する神社

善知鳥神社 ｜青森｜

うとうじんじゃ

現在の青森市が“善知鳥村”と呼ばれていた時代、善知鳥《うとう》中納言《ちゅうなごん》安方《やすかた》が建立したといわれています。その後、坂上田村麻呂が東北遠征の際に再建され、寛永18(1641)年には青森総鎮守の社に指定されました。青森市発祥の地であり、地元住民の心の拠り所として慕われています。

御朱印帳

遷座1180年祭に青森の安寧を願い創作された善知鳥舞と、ウトウ鳥を描いています。

Data　御祭神 多紀理毘売命　市寸嶋比売命　多岐都比売命
青森県青森市安方2-7-18　JR「青森駅」下車、徒歩10分
境内自由　8:30～17:00

神武天皇ゆかりの神社

都農神社 ｜宮崎｜

つのじんじゃ

御朱印帳

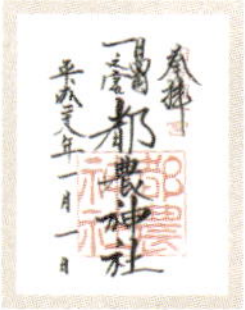

御祭神の大己貴命を守ったネズミと、因幡の白兎で知られるウサギが描かれた人気の御朱印帳。

神武天皇が国土平安、海上平穏、武運長久を祈願して創建されたと伝えられる。境内には御神象や撫で大国など、どこか愛らしい神様も。

Data　御祭神 大己貴命　宮崎県児湯郡都農町大字川北13294　JR「都農駅」下車、徒歩25分　6:00～17:00　8:00～17:00

一年を通して楽しめる景勝地

南禅寺 ｜京都｜

なんぜんじ

御朱印帳

狩野永徳の40面にもなる襖絵「群虎図」をデザインに採用した御朱印帳。

臨済宗南禅寺派の大本山であり、室町時代に隆盛を極めました。紅葉が見事な「天授庵」や江戸初期に作成された枯山水庭園など多くの見所があります。

Data　御本尊 釈迦牟尼仏・観世音菩薩など　京都府京都市左京区南禅寺福地町　地下鉄東西線「蹴上駅」下車、徒歩10分　12月～2月末8:40～16:30　3月～11月30日8:40～17:00　方丈庭園500円　三門500円　南禅院300円

人々を救った悉平太郎伝説

見付天神 矢奈比賣神社 | 静岡 |

みつけてんじん　やなひめじんじゃ

人々を妖怪から守った霊犬「悉平《しっぺい》太郎伝説」で知られています。8月13日の梅の湯祭で授与される梅の湯を飲むと、一年間お腹の病に悩まされないそう。これは腹を傷めた旅人が神に祈ったところ痛みが和らぎ、参拝時に授与された白湯を飲んだら治癒したという江戸の故事に由来します。

御朱印帳

悉平太郎の像を描いた御朱印帳。御朱印は、菅原道真公を祀ることから、太宰府配流の際に詠んだ和歌が押印されます。

Data　御祭神 矢奈比賣命　菅原道真公　静岡県磐田市見付1114-2　JR「磐田駅」より秋葉バス「見付天神入口」下車徒歩3分　8:30～16:30　9:00～16:30

巨大な鈴に圧倒される

箱崎八幡神社 | 鹿児島 |

はこざきはちまんじんじゃ

御朱印帳

総金箔、重さ5トンという日本一の大鈴を描いた御朱印帳。

総金箔張りの日本一の大鈴がお出迎え。日本では古くから鈴の音が邪を払うとされてきました。一回り小さな鈴型の宝物殿も自由に観ることができます。

Data　御祭神 誉田和命　息長足比賣命　高良玉垂命　鹿児島県出水市上知識町46　JR「出水駅」よりタクシー5分　境内自由　9:00～17:00

霊峰、白雲山の麓に佇む

妙義神社 | 群馬 |

みょうぎじんじゃ

御朱印帳

国重要文化財に指定されている御本社拝殿向拝正面の見事な鶴をモチーフにした御朱印帳。

妙義山の主峰、白雲山の東山麓に位置する神社で、妙義山の登山口でもあります。高さ12mの総門をはじめ、趣向を凝らした装飾の数々に圧倒されます。

Data　御祭神 日本武尊　豊受大神　菅原道真公　権大納言長親卿　群馬県富岡市妙義町妙義6　信越線「松井田駅」よりタクシー10分　境内自由　9:00～17:00　宝物殿200円

住居守護・旅行安全・安産守護の神社

坐摩神社 ｜大阪｜

いかすりじんじゃ

「ざまさん」「ざまじんじゃ」の名で親しまれる神社。「生井神《いくいのかみ》」、「福井神《さくいのかみ》」、「綱長井神《つながいのかみ》」、「阿須波神《あすはのかみ》」、「波比《はひ》岐神《きのかみ》」の五柱を総称して"坐摩神"と呼びます。創祀については諸説あり、神功皇后が新羅遠征から帰国した際に淀川河口（現在の天満橋）に坐摩神を祀ったのが始まりといわれています。

御朱印は本社と末社、「陶器神社」もあります

御朱印帳

神功皇后が松枝に白鷺が群がる所を選び、坐摩神をお祀りした縁起を表現。

Data　御祭神 生井神　福井神　綱長井神　阿須波神　波比岐神　大阪府大阪市中央区久太郎町４丁目渡辺３　地下鉄御堂筋線・中央線・四つ橋線「本町駅」15番出口より徒歩３分　平日7:30～17:30、土日祝7:30～17:00

ご神木には縁結びの御利益も

川越八幡宮 ｜埼玉｜

かわごえはちまんぐう

御朱印帳

「出会い鳩」として鳩をご神鳥として崇める川越八幡宮の美しい御朱印帳。

歴代の川越城主に川越の守護神として崇められ、2030年には創建1000年を迎えます。二本のイチョウがいつの間にか一本になった縁結びイチョウは必見。

Data　御祭神 誉田別命　埼玉県川越市南通町19-1　JR「川越駅」東口下車、徒歩約6分　境内自由　9:00～17:00

春には見事な「阿知の藤」が見られる

阿智神社 ｜岡山｜

あちじんじゃ

御朱印帳

随身門に彫られた兎を図案化した御朱印帳。

鶴形山の山頂に鎮座する古社。名称は朝鮮半島より渡ってきた漢の霊帝の曽孫、阿知使主《あちのおみ》一族の功績を称えて付けられたとされます。

Data　御祭神 宗像三女神（多紀理毘賣命　多岐都比賣命　市寸嶋比賣命）ほか19柱　岡山県倉敷市本町12-1　JR「倉敷駅」下車、徒歩15分　境内自由　7:00～17:00

菊の紋が入った御朱印帳

天皇家とゆかりのある寺社で神紋や寺紋に使われる菊紋。御朱印の押し印や御朱印帳に菊が入った寺社をご紹介します。

魔を除け、悪運を絶って、愛を結んでくれる

香椎宮《かしいぐう》 | 福岡 |

御祭神 ◯仲哀天皇 ◯神功皇后 ◯応神天皇 ◯住吉大神

(右) 他に類を見ない建築様式「香椎造」の社殿は重要文化財にも指定。(左) 天皇からの勅使が通る勅使道。

ご神木「綾杉」と日本唯一の香椎造の本殿を描いています。白地に朱塗りの社殿が映え、高雅な一冊。

御朱印帳

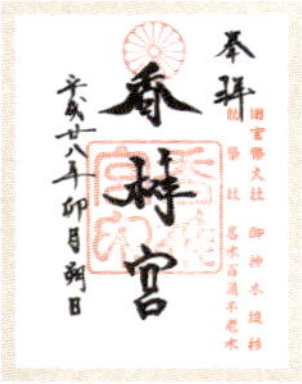

授与時間 9:00～17:00

御朱印は楼門を入って右手にある社務所でいただけます。

日本で唯一の建築様式「香椎造」は最大の見所

西暦200年に神功《じんぐう》皇后が夫である仲《ちゅう》哀《あい》天皇の霊を祀るために創建したのが起源とされます。樹齢1800年を越えるご神木の「綾杉」は皇后が自ら植えたものと伝えられています。〝香椎造〟と呼ばれる本殿の独特な建築様式は、この香椎宮でしか見られない貴重なもの。天皇から祭礼に勅使を遣わされる勅祭社のひとつで、次回は平成37年に執り行われます。

Data

福岡県福岡市東区香椎4-16-1
JR「香椎神宮駅」下車、徒歩5分 4～9月5:00～18:00、10～3月6:00～18:00

時代劇のロケでもおなじみの名勝地
大覚寺《だいかくじ》 ｜京都｜

弘法大師が開いたと伝えられる真言宗大覚寺派の本山。嵯峨天皇の離宮を貞観18（876）年に「大覚寺」として改めたとされています。また、周囲1kmに及ぶ日本最古の人工の林泉式庭園「大沢池」は京都を代表する名勝地でもあり、大勢の人で賑わいます。

御朱印帳

（上）嵯峨天皇が大沢池に浮かべて舟遊びをしたという龍頭舟がモチーフの御朱印帳。（右）狩野山楽による襖絵「牡丹図」を使用した御朱印帳。

Data　御本尊 不動明王　降三世明王　軍荼利明王　大威徳明王　金剛夜叉明王　京都府京都市右京区嵯峨大沢町4　JR「嵯峨嵐山駅」下車、徒歩17分　9:00～16:30　500円

将軍塚からの絶景は必見
青蓮院門跡《しょうれんいんもんぜき》 ｜京都｜

最澄《さいちょう》が比叡山延暦寺を開山するにあたり、僧侶の住居として建てた「青蓮坊」が起源。春と秋にはご本尊・熾盛光如来の「光」をあらわす夜間ライトアップが行われるほか、東山山頂の飛地境内にある「将軍塚青龍殿」は京都市内が一望できる絶景スポットです。

御朱印帳

生い茂る蓮池を表した御朱印帳と、国宝「青不動明」の背後で燃え盛る紅蓮の焔・迦楼羅を表現した御朱印帳。

Data　御本尊 熾盛光如来曼荼羅　京都府京都市東山区粟田口三条坊町69-1　「京都駅」より市バス5系統「神宮道」下車、徒歩3分　9:00～17:00　9:00～16:30　500円　【将軍塚青龍殿】京都府京都市山科区厨子奥花鳥町28

花木を描いた御朱印帳

可憐に咲く季節の花々は見どころのひとつになっています。そんな満開の花をモチーフにした御朱印帳も愛好家の人気を集めています。

鎌倉を訪れるなら一度は足を運びたい

長谷寺《はせでら》 | 神奈川 |

御本尊 ◯十一面観音菩薩像

御本尊をお祀りしている観音堂。

授与時間

3月〜9月 8:00〜17:00

10月〜2月 8:00〜16:30

人気の高い紫陽花の御朱印帳のほか、もみじの柄もあります。

御朱印帳

写経や写仏体験もできます

鎌倉の西方極楽浄土と謳われる花の寺

天平8（736）年の創建と伝えられ、神社仏閣の多い鎌倉エリアにおいて、歴史の古い寺に数えられます。総金箔張りの本尊「木造十一面観世音菩薩像」は、高さ9・18メートルと木彫仏としては日本最大級の大きさです。

見晴台や散策路からの海の眺めに加え、初夏は菖蒲、梅雨には紫陽花、秋は紅葉と、訪れる人の目を和ませています。

Data

神奈川県鎌倉市長谷3-11-2
江ノ電「長谷駅」下車、徒歩5分
3月〜9月8:00〜17:00、10月〜2月8:00〜16:30
300円　観音ミュージアム300円

山形県庁の鎮守として創建された神社

里之宮 湯殿山神社 ｜山形｜

さとのみや　ゆどのさんじんじゃ

明治9年、初代山形県令であった三島通庸《みしまみちつね》が県庁舎を建設するにあたり、湯殿山本宮の口之宮本道寺湯殿山神社より分霊を勧請して祀ったのが起源。丑年に開山したことから作られた参道の「願い牛」が子授け・安産に御利益があることで広く知られるようになり、戌の日には県外からも参拝者が足を運びます。

御朱印帳

平成の御大典に際して作られた「願い牛」と八重桜を描いています。

Data　御祭神 大山祇命　大已貴命　少彦名命　山形県山形市旅篭町3-4-6　JR「山形駅」より山交バス「山形市役所前」下車、徒歩5分　境内自由　8:30～17:00

足摺岬に立つ大寺院

金剛福寺 ｜高知｜

こんごうふくじ

御朱印帳

寺のシンボル的な存在でもある椿を描き、色違いで朱色もあります。

四国の最南端・足摺岬の突端にある寺院で、境内の面積は120,00㎡を誇る。豊かな自然に囲まれ、2月には自生のやぶ椿が咲き誇ります。

Data　御本尊 千手観世音菩薩　不動明王　毘沙門天　高知県土佐清水市足摺岬214-1　土佐くろしお鉄道「中村駅」よりバス「足摺岬」下車すぐ　7:00～17:00

継体天皇ゆかりの神社

足羽神社 ｜福井｜

あすわじんじゃ

御朱印帳

見開きという大胆な構図で描かれるしだれ桜。御祭神・継体天皇のお姿も。

創建1500年の歴史を誇る越前最古の神社。春には樹齢約370年、高さ12mのしだれ桜（天然記念物）をひと目見ようと訪れる人で賑わいます。

Data　御祭神 継体天皇　大宮地之霊　福井県福井市足羽1-8-25　JR「福井駅」よりコミュニティバスすまいる「愛宕坂」下車、徒歩10分　境内自由　8:30～17:00

広く国民から愛された東郷元帥

東郷神社 | 東京 |

とうごうじんじゃ

幕末から明治にかけて活躍した軍人・東郷平八《とうごうへいはち》郎《ろう》元帥の死を悼み、国民から寄せられた献金によって昭和15（1940）年に創建されました。日露戦争の際に元帥が日本を勝利に導いたことから、勝利と至誠の神様として信仰を集めています。

授与時間 8:00～16:30

女性に人気があるキティ柄の御朱印帳。この御朱印帳を授与いただくと、御朱印にキティのリボンが押印されます。

Data 御祭神 東郷平八郎命
東京都渋谷区神宮前1-5-3
JR「原宿駅」または地下鉄「明治神宮前駅」下車、徒歩3分
4月～10月6:00～17:00、11月～3月6:30～17:00

©1976, 2016 SANRIO CO., LTD. APPROVAL NO.S570201

猿田彦大神を祀る神社の総本宮

椿大神社 | 三重 |

つばきおおかみやしろ

地球上のすべての生物に平安と幸福をもたらす「みちびきの神」といわれる猿田彦大神《さるたひこのおおかみ》の総本宮。学業や事業など、あらゆる物事を良いほうに導いてくれるとして、古くから慕われてきました。また猿田彦大神の妻である天之鈿《あめのうず》女命《めのみこと》が祀られている椿岸《つばきぎし》神社は、縁結びの御利益があると崇敬されています。

手塚治虫の漫画『火の鳥 黎明編』に登場する二柱の神様をお祀りすることから、デザインに採用された御朱印帳。

ピンクはウズメ、色違いの黒は猿田彦を描いています。

Data 御祭神 猿田彦大神 瓊々杵尊 栲幡千々姫命 天之鈿女命 木花咲耶姫命 行満大明神
三重県鈴鹿市山本町1871
「四日市駅」よりバス「椿大神社」下車すぐ

授与時間 8:00～17:00

Column 2

キャラクターを描いた御朱印帳

和風なイメージが強い御朱印帳ですが、親しみを覚えるキャラクターものを頒布する寺社も最近増えています。御朱印のイメージが変わる、ポップで可愛いデザインに驚かされます。

Column 3

お堂の几帳で作った貴重な御朱印帳

季節や祭事に合わせ、御朱印帳を限定頒布する寺社のなかでも、奈良県・興福寺の御朱印帳はタイミングが合わないとお目にかかれない稀少なものです。

お堂にかけられた几帳を仕立て直した御朱印帳

お堂にかかる几帳は、お寺ごとに異なる独自の文様が刷られています。興福寺では鹿の文様を描いた几帳を使用していますが、日光や風雨で傷むと新しいものに付け替えをします。その際に、不要になった古い几帳を御朱印帳に仕立て直して授与しているのです。

そのため、授与所に用意されている御朱印帳と異なり、付け替えがあった際にだけ目にすることができる稀少な御朱印帳となっています。

几帳を仕立て直して作るため、一冊一冊文様が異なります。几帳の、どの部分の文様にあたるかはいただいてからのお楽しみ。

P.107で紹介した屋根瓦文様の御朱印帳のほか、東金堂と五重塔を描いた御朱印帳も。

興福寺のお堂で、風にたなびいている几帳。お寺ごとに異なる文様を見て歩くのも楽しいです。

Data 興福寺 奈良県奈良市登大路町48 近鉄「奈良駅」下車、徒歩6分 9:00～17:00 国宝館600円 東金堂300円 二カ所共通券800円

いただいたものは大切に！

御朱印や御朱印帳の保管方法

御朱印をいただくということは、神様や仏様とご縁を結んだということ。大切に保管しておきましょう。

1 神棚、仏壇に置く

御朱印帳は、置き場所を決めて保管をしましょう。引き出しに他の物と一緒にしまったり、テーブルや棚の上に雑然と置きっぱなしにしたりするのはよくありません。一般的に、御朱印帳は神棚や仏壇に置いて保管をするのがよいとされています。仏壇の場合は、引き出しが付いていたらその中にしまうとよいでしょう。とはいえ、最近ではご自宅に神棚や仏壇をもたないご家庭も多くなっています。その場合には、２や３のような保管方法をご検討されてはいかがでしょうか。

また、御朱印をいただく際、一緒に寺社の縁起や由緒が書かれたパンフレットや挟み紙をいただくこともあります。それらは別途、ファイリングして別の場所に保管しておきましょう。

2 専用のケースに入れる

御朱印帳の冊数が増えてきたら、専用のケースを用意して保管するのもおすすめです。御朱印帳を入れる際には、一緒に防虫剤や乾燥剤も入れてフタをしておくと良いでしょう。あとで見返すときにわかりやすいよう、神社とお寺、地域など自分でわかりやすいよう分類してしまっておきましょう。

3 本棚の一角を置き場所に

風通しのよい部屋の本棚や箪笥の上段を御朱印帳の置き場所と決めて、ほかの書籍や雑誌と混ぜないように保管します。御朱印帳は仏様の名前や社名が書かれた神聖なものですので、目線より高い段に置くようにしましょう。

保管にむかない場所

風通しが悪く、湿気の溜まりやすい場所は避けたいもの。また、家族が家の中でタバコを吸う場合、匂いやヤニがつかないように扉付きの棚や専用ケースにしまうことをおすすめします。キッチンの近くも油煙が発生しやすいため、配慮が必要です。

お気に入りの1冊がきっと見つかる！
御朱印帳ショップ3選

文房具店や仏具店などでも手に入る御朱印帳ですが、なかでも可愛い御朱印帳を取り扱うショップを厳選しました。

御朱印帳専門店 しるべ

出雲にある 御朱印帳セレクトショップ

和小紋や神話をモチーフにした図柄など、取り扱う御朱印帳の数は100種を超える品揃え。可愛いらしい色や模様のほか、シックな色やデザインのものまであるのでお気に入りの1冊が必ず見つかるはず。なかにはジーンズ地や浴衣地など、従来の表装とは異なるユニークな御朱印帳も。そのほか、御朱印帳を持ち歩くためのケースのほか、帳面を閉じる留め具など御朱印を頂くために必要なアイテムがなんでも揃います。2016年4月には、出雲大社の参道に2号店をオープン。出雲大社では社名入りの御朱印帳を授与していないので、これから御朱印を始める人はおまいりに行く前に立ち寄るのがおすすめです。

Data

御朱印帳専門店しるべ
出雲大社店
〒699-0711 島根県出雲市大社町杵築南772
出雲杵築屋2Ｆ
tel&fax 0853-31-4355
営業時間 9：00～16：00

御朱印帳専門店しるべ
松江店
〒690-0843 島根県松江市末次本町110
カラコロ広場西棟北側
tel&fax 0852-25-6687
営業時間 9：00～17：00
※季節や天候によって変動します

御朱印帳

勾玉や因幡の白兎、出雲大社の千木がモチーフ。縁結びの出雲をテーマにした御朱印帳。

オンラインショップ

http://goshuinstore.com/
豊富な御朱印帳をサイズや図柄、色で探せるオンラインショップ。新作入荷はSNSの情報をチェック。

六角紋をあしらった渋めの御朱印帳。男性にプレゼントしたい一冊。

御朱印袋

手触りのよい、てぬぐい生地で出来た巾着型のかわいい御朱印帳ケース。